LENGUAJE CORPORAL

¿Cómo ser un detector de mentiras?

(La increíble guía para entender la comunicación no verbal)

Oriol Bravo

Publicado Por Daniel Heath

© **Oriol Bravo**

Todos los derechos reservados

Lenguaje corporal: ¿Cómo ser un detector de mentiras? (La increíble guía para entender la comunicación no verbal)

ISBN 978-1-989853-19-1

Este documento está orientado a proporcionar información exacta y confiable con respecto al tema y asunto que trata. La publicación se vende con la idea de que el editor no esté obligado a prestar contabilidad, permitida oficialmente, u otros servicios cualificados. Si se necesita asesoramiento, legal o profesional, debería solicitar a una persona con experiencia en la profesión.

Desde una Declaración de Principios aceptada y aprobada tanto por un comité de la American Bar Association (el Colegio de Abogados de Estados Unidos) como por un comité de editores y asociaciones.

No se permite la reproducción, duplicado o transmisión de cualquier parte de este documento en cualquier medio electrónico o formato impreso. Se prohíbe de forma estricta la grabación de esta publicación así como tampoco se permite cualquier almacenamiento de este documento sin permiso escrito del editor. Todos los derechos reservados.

Se establece que la información que contiene este documento es veraz y coherente, ya que cualquier responsabilidad, en términos de falta de atención o de otro tipo, por el uso o abuso de cualquier política, proceso o dirección contenida en este documento será responsabilidad exclusiva y absoluta del lector receptor. Bajo ninguna circunstancia se hará responsable o culpable de forma legal al editor por cualquier reparación, daños o pérdida monetaria debido a la información aquí contenida, ya sea de forma directa o indirectamente.

Los respectivos autores son propietarios de todos los derechos de autor que no están en posesión del editor.

La información aquí contenida se ofrece únicamente con fines informativos y, como tal, es universal. La presentación de la información se realiza sin contrato ni ningún tipo de garantía.

Las marcas registradas utilizadas son sin ningún tipo de consentimiento y la publicación de la marca registrada es sin el permiso o respaldo del propietario de esta. Todas las marcas registradas y demás marcas incluidas en este libro son solo para fines de aclaración y son propiedad de los mismos propietarios, no están afiliadas a este documento.

TABLA DE CONTENIDO

Parte 1 1

¿Qué Es El Lenguaje Corporal? 2

Lenguaje Corporal En Profundidad 3

Lenguaje Corporal – Más Que Posiciones Del Cuerpo 7

Qué Hay Que Saber Para Comunicarse Efectivamente 9

Conocer Y Comprender El Propio Lenguaje Corporal 13

Lenguaje Corporal En La Comunicación No Verbal 16

Intuición Y Comunicación No Verbal 26

3 Mitos Acerca De La Comunicación No Verbal Que Pueden Confundirte 30

La Importancia Del Lenguaje Corporal 32

Cómo Puedes Tener Éxito O Fracasar En Una Entrevista De Trabajo 39

Eliminar La 'Forma Negativa', Mediante La Negociación, Siendo Proactivo Con El Lenguaje Corporal 43

Porqué Es Importante Comprender El Lenguaje Corporal Durante Una Negociación 44

Negociaciones: Haz Contacto Visual 45

De Adversario A Socio: Escuche Con Los Ojos Y Vea Con Los Oídos 51

A Qué Señales Debería Prestar Atención 51

Señales De Escucha Atenta Y Gran Comprensión De Lo Comunicado 52

La Señal Delatora Que Las Personas No Pueden Controlar Nunca 54

Señales Que Demuestran Desacuerdo, Desagrado Y Hostilidad Hacia Lo Comunicado 55

¿Utilizan Los Hombres Y Las Mujeres El Mismo Lenguaje Corporal? 62

Formas Simples Para Desarrollar Un Lenguaje Corporal Asertivo 65

La Necesidad De Un Lenguaje Corporal Asertivo 66

Reafirmar La Confianza 68

Cómo Desarrollar Buenas Habilidades En La Comunicación No Verbal 69

Los Beneficios Y Consecuencias De Un Lenguaje Corporal Eficaz 71

Elogios Con Lenguaje Corporal Eficiente, Organizaciones Eficientes 72
El Poder Y La Influencia De La Fuerza De Gravedad 73
Conceptos Básicos Para Leer El Lenguaje Corporal 74
Las Luces Prendidas Y No Hay Nadie En Casa 76

El Lenguaje Corporal Eficiente Suele Ser Información No Deseada 77

Reflexionar Sobre El Lenguaje Corporal Consciente Y Eficiente 78

El Beneficio De Entender El Lenguaje Corporal Consciente 79

Parte 2 81

Introducción 82

Comunicación Sin Palabras 84

¿Por Qué La Comunicación No Verbal Importa? 102

Cómo Leer El Lenguaje Corporal 107

Cómo Interpretar Señales No Verbales 117

Beneficios De Mejorar Las Señales No Verbales 122

Conclusión 132

Parte 1

¿Qué es el Lenguaje Corporal?

A todos nos pasa

Sólo una pequeña parte de lo que decimos con nuestras palabras se trasmite al encontrarnos con otra persona (de acuerdo a lo investigado, menos del 5%). Es de vital importancia tener conocimiento (hasta cierto punto) que sabemos y controlamos nuestro lenguaje corporal.

Cuando las palabras no funcionan

Quien reciba el mensaje de nuestro lenguaje corporal tendrá una sensación difícil de explicar con palabras o no podrá probar que algo más fue realmente comunicado, pero que sí está ocurriendo. Todos nosotros habremos dicho en nuestro interior: 'Creo que no le agrado a esa persona' o 'Realmente no creo lo que se dijo'.

¿Somos conscientes?

Percibir este 'mensaje extra' se llama intuición y el lenguaje corporal juega un papel muy importante ya que nos envía mensajes acerca de la otra persona que podemos interpretar a un nivel intuitivo. Necesitamos conocer primero nuestro propio lenguaje corporal, aprender acerca de este para poder reconocerlo en otras personas al igual que en nosotros mimos.

Lenguaje Corporal en profundidad

Ella entra en una habitación y cinco personas corren a saludarla.

Ella no está tan calificada para el trabajo como tu pero obtiene el puesto.

Ella no es tan inteligente ni atractiva pero parece que siempre la buscan para dar lecciones de negocios.

¿Cómo lo hace?

Ella tiene encanto, tiene la habilidad de que la gente la siga. También tiene una determinada actitud hacia sí misma, hacia otros y hacia el mundo. A las personas les gusta estar cerca de ella porque las hace sentir bien. Mostrando una perspectiva positiva, predisposición a ayudar, amistad, energía y cuidado hacia otros, ella es una ganadora.

El lenguaje corporal incluye movimientos de cierta parte del cuerpo, como asentir con la cabeza o levantar las cejas, tensión en todo el cuerpo o movimientos hacia arriba y abajo. No siempre es fácil asignar diferentes significados al lenguaje corporal porque involucra cierta interpretación subjetiva. Si alguien entró en la oficina y estaba frunciendo el ceño, podría interpretarse que estaba en un estado emocional negativo, pero que la mirada era totalmente no intencional.

La kinesia estudia los movimientos del cuerpo en la comunicación. Se estima que la parte verbal de la comunicación tiene menos del 35% de significado social en la conversación. El restante 65% tiene que ver con la comunicación no verbal.

Esto lleva a pensar que comprender la comunicación no verbal es muy importante.

Los movimientos del cuerpo y las posiciones pueden ser consideradas tanto reflexivas (involuntarias) o no reflexivas (voluntarias). Un movimiento reflexivo es la dilatación pupilar. El Dr. Edward H. Hess explicó en la convención de la kinesia que los estudios clínicos han demostrado que la pupila se dilata inconscientemente cuando los ojos ven algo placentero, excitante o movilizador. Los movimientos no reflexivos del lenguaje corporal son más difíciles de interpretar.

Parámetros para la interpretación del lenguaje corporal

El lenguaje corporal difiere de cultura en cultura. En Inglaterra, si cruzas los dedos estás diciendo "OK", pero en Estados Unidos si haces lo mismo estás diciendo "buena suerte".

Un buen ejemplo es tratar de simular un gesto y qué no hacer para que sea efectivo:

Mira una foto de ti mismo cuando has sonreído genuinamente y compárala con una en la que has tenido que posar y simularla. La razón es que tendemos a creer en destacados líderes políticos, actores brillantes, abogados de juicios importantes y super-vendedores es porque creen en sí mismos y esto sale a la luz en su comunicación no verbal.

Comprende tus señales

Vuélvete consciente en el modo en que hablas y gesticulas; exhibe una buena postura.

Vuélvete consciente de tus modismos y hábitos nerviosos.

Vuélvete consciente de cómo estrechas la mano.

Vuélvete consciente de tu contacto visual.

Vuélvete consciente de cómo te comunicas.

Se natural... compórtate desde tu alma.

Parámetros guía

Cuantos menos movimientos de las manos y gestos del cuerpo hagas más poderoso e inteligente pareces.

Las personas que hablan con tono bajo y aquellos que hablan lentamente son percibidos como más poderosos y confiables.

Los líderes y poderosos acaparan más lugar que los demás, tienden a inclinarse hacia adelante con sus brazos y piernas relajados o un poco distendidos. Al ocupar más espacio aparentan hacerse cargo de la situación.

Los demás reconocen al líder porque este

suele tener la mirada hacia arriba, y sus seguidores se acercan a esa persona antes que a cualquier otra.

Sonreír te hace parecer amistoso y más atractivo.

Lenguaje Corporal – Más que posiciones del cuerpo

El estudio del lenguaje corporal es mucho más que el estudio de cómo las personas mueven sus cuerpos. Algunos de los aspectos que necesitamos entender de la comunicación no verbal incluyen los siguientes ítems:

- Cómo se ubica el cuerpo.
- Cuán cerca están dos personas una de otra y cómo puede cambiar eso.
- Expresiones faciales.
- Cómo se mueven y enfocan los ojos.
- Cómo se tocan las personas a sí mismas y a otros.
- Cómo se conectan los cuerpos con objetos como lentes de sol, lapiceras, cigarrillos y ropa.
- Cómo respira y transpira una

persona.

- Tipos de voz y otros sonidos que pueden ser utilizados como parte de la comprensión de las señales no verbales.

Nuestros ojos son probablemente el aspecto más importante de nuestro lenguaje corporal. Cómo reaccionamos ante los ojos de otras personas – su movimiento, expresión y enfoque – y la reacción ajena ante nuestros ojos hace la diferencia con respecto a nuestra comprensión consciente e inconsciente de los demás. Se puede transferir mucho significado a través de una rápida y simple mirada.

Estos efectos han sido posiblemente parte de la experiencia humana y del comportamiento de los mamíferos por miles de años. Mucho de lo que experimentamos como comunicación no verbal reside en nuestro subconsciente. Es decir, no nos damos cuenta que estamos tomando estas señales como parte del mensaje que recibimos.

Aprender a pensar en términos de lenguaje corporal nos ofrece una increíble comprensión de nosotros mismos y de los demás. Puede ayudarnos en nuestro ámbito laboral y en nuestras relaciones interpersonales. Al tener una mayor consciencia, podemos alcanzar mayor autocontrol. Si comprendemos el lenguaje corporal, somos más capaces de mostrarle a otros lo que queremos decir acerca de lo que sentimos, la manera en que nos comportamos y lo que queremos alcanzar.

Es muy difícil decir todo lo relacionado con el lenguaje corporal basados en la información que otorga este libro. Podrás leer más sobre el lenguaje corporal y el desarrollo personal en muchos sitios en Internet.

Qué hay que saber para comunicarse efectivamente

Los sentimientos importan

El lenguaje corporal es información que registramos y procesamos sin siquiera ser conscientes, algo que solemos perder de vista. No prestamos atención a señales valiosas que nos proporcionan las emociones y los sentimientos. Sin importar donde te encuentras dentro de este espectro de consciencia, mejorar esta comprensión del lenguaje corporal puede influir positivamente en tu vida profesional e interpersonal.

El dato básico es el siguiente: cualquier mensaje de comunicación no verbal tiene un significado, y el lenguaje corporal puede ser una fuente interminable para cualquier líder. Algunas veces es una señal de que no estás conectado, ya que tu lenguaje corporal contradice lo que estás diciendo; otras veces, te señala cuando un mensaje está siendo trasmitido efectivamente. En la mayoría de los casos, ser sensibles al lenguaje corporal puede ayudarnos a asistir a otras personas y construir relaciones interpersonales más fuertes.

Algunos clichés obvios:

1. Tu lenguaje corporal comunica todas las emociones que sientes.
2. Lo que tu lenguaje corporal me comunica es más preciso que lo que me

dices, y habla más que tú. Las personas pueden decir lo que estás pensando o sintiendo antes de que hables. Tus acciones pueden hablar tan alto que ahogan tus palabras.
3. Los empleados buscan las acciones del líder para encontrar significado y luego actúan en consecuencia.
4. Comprender el lenguaje corporal puede ayudar a los líderes a saber cuándo resuena su mensaje y también cuándo hace falta una aclaración.
5. Diferentes culturas, edades y géneros pueden asignar diferentes significados al lenguaje corporal, de manera que es importante considerar los tipos de personas involucradas.

Las señales que envías:
Para adquirir más consciencia acerca de cómo podría ser interpretado tu lenguaje corporal, graba en video y observa varias veces una sesión ensayada de tu próxima gran presentación. Evalúa con cuánta intensidad tu cuerpo refuerza tus palabras y considera qué señales puedes

estar enviando:
- Autoconfianza – pararse o sentarse erguido, con los hombros hacia atrás y la cabeza en alto; haciendo contacto visual y sonriendo; enlazando las manos detrás de la espalda o ubicándolas en tu regazo.
- A la defensiva – brazos cruzados o entrelazados; piernas cruzadas con tobillos trabados; tamborileando con los dedos.
- Desacuerdo o respuesta negativa – responder moviendo o agachando la cabeza hacia el interlocutor, cruzando brazos, puños cerrados, dedos entrelazados en puño, rascando el arco de la nariz, sentarse con las piernas cruzadas.
- Inseguridad – pararse en pose de tijeras con los tobillos cruzados, sentado con las piernas entrelazadas, postura encorvada, contacto visual limitado, mantener la cabeza agachada, estrechando los brazos.
- Interés – consistente contacto visual, mantener la cabeza hacia

adelante y erguida, inclinando el cuerpo hacia adelante, leve asentimiento de la cabeza, piernas dirigidas hacia el interlocutor y sonidos afirmativos.

• Nerviosismo/ Tensión — tocarse la cara, morderse los labios, rechinar los dientes, mascar chicle, brazos sobre el cuerpo incluyendo movimientos de buscar objetos o acomodarse la ropa y sostener objetos delante del cuerpo.

• Pensativo/ Evaluador — manos tocándose entre sí con los dedos, manos acariciando el mentón, tocarse o frotarse la nariz mientras se escucha, mentón sobre una mano con el brazo sobre el codo, cabeza inclinada hacia un lado.

Conocer y comprender el propio lenguaje corporal

Ya sea que te des cuenta o no, tu lenguaje corporal es un factor enorme responsable de cómo te relacionas con los demás y qué opinión tienen de ti. En muchas profesiones sobre todo en aquellas donde asistes a otros, las habilidades para escuchar son un deber además de ser muy importantes para crear una buena relación con los clientes. No importa si asistes a otros a mantener sus relaciones interpersonales, o aconsejarles sobre cómo ser exitosos en los negocios o sobre cualquier otro tipo de dificultades, están observando tu lenguaje corporal, mostrar buenas habilidades para escuchar hace que los demás se sientan más cómodos.No deberías hablar demasiado formalmente.

Un pobre lenguaje corporal puede resultar en que pierdas algo muy valioso. No importa si estás escuchando cada palabra cuidadosamente y con sinceridad. Es tu lenguaje corporal el que logrará que otras personas se sientan importantes porque les estás brindando la atención que necesitan. Aquí es importante saber cuáles son las señales que demuestran desinterés y sacarlas del repertorio personal.

Si tienes la costumbre de cruzarte de brazos sobre el pecho, o zapateas con los pies impacientemente, inclinas o volteas para mirar hacia otro lugar frecuentemente, miras a un lado y otro mientras estás escuchando a alguien; estarás enviando un mensaje de desinterés por lo que la otra persona está diciendo o haciendo. Lo más probable es que esa relación se termine o cause muchas pérdidas financieras.

Entonces, lo que puedes hacer es que tu lenguaje corporal comience a enviar señales positivas a la persona con quien te quieres relacionar.

Primero, tendrás que mirar a la cara a la persona que quieres que te preste atención, no mires en otra dirección estarás mandando una señal negativa.

Con respecto a la postura de tu cuerpo debes asumir una postura abiertaen el momento de la comunicación. No debes mantener tus brazos o piernas doblados; de otro modo la otra persona puede interpretar que no te interesa escuchar su punto de vista.

Si te inclinas hacia adelante mientras hablas con alguien, tu lenguaje corporal está comunicando que estás prestando más atención a lo que se está diciendo. Por el contrario, inclinarse hacia atrás demuestra que no te interesa en lo más mínimo.

En cuanto al contacto visual, que es un factor crucial de la comunicación, trata de mantener la mirada normalmente. Si miras constantemente hacia abajo o en otra dirección, estás comunicando que no te interesa y que te sientes incómodo. Además, el significado de una postura relajada suele no ser ignorado, trata de no estar muy tenso. Si sientes que has sufrido muchas pérdidas en el pasado por tu pobre lenguaje corporal, deberías comenzar a practicar inmediatamente los consejos ya mencionados.

Lenguaje corporal en la comunicación no verbal

La comunicación no verbal es el mensaje que transmitimos por medio de nuestro lenguaje corporal como expresiones faciales, movimientos de la cabeza, posturas corporales y acciones, ropa, modismos, demostración de personalidad, etc.

Probablemente has escuchado que el 55% del impacto total de nuestra comunicación personal está determinado por nuestro lenguaje corporal o comunicación no verbal. Un 38% está determinado por el tono de nuestra voz y sólo un 7% está determinado por las palabras que utilizamos (comunicación verbal).

Los investigadores han encontrado que algunos actos específicos de nuestro lenguaje corporal tienen significados determinados. Por ejemplo, los movimientos y gestos de la cabeza y el rostro dan información acerca del tipo de emoción que se está expresando; la posición y tensión del cuerpo revelan la intensidad de los sentimientos.

Un gesto que se nota mucho en las personas es el rictus facial cuando escuchan a alguien tratando de elaborar o explicar lo que quieren expresar. Este gesto, de hecho, es un poco rudo, como si pensaran "Vamos, no puedes explicarlo fluidamente", "Porqué tienes tanta dificultad para explicarlo", en vez de sólo esperar pacientemente y escuchar lo que la otra persona quiere decir de la mejor manera posible.

Otro ejemplo para clasificar el lenguaje corporal es alguien que se duerme durante una presentación académica; esto comunica algo acerca de los sentimientos de ese participante sobre la presentación, el expositor o la compañía – o quien expone es aburrido, o al participante no le interesa dicha presentación.

Al entrar en todo este análisis del lenguaje corporal se necesita precaución, muchas personas leerán un libro o investigación sobre lenguaje corporal y comenzarán su exagerado escrutinio posterior de cómo actúan los demás.

Sólo porque un libro dice que "cruzar los brazos sobre el torso" es una señal de dominación o de falta de cooperación no significa que todo el que esté en esa postura está transmitiendo ese mensaje; para nada.

¿Cuántas veces lo has hecho y no estabas queriendo demostrar que no cooperabas? ¡Con frecuencia, uno adquiere esta postura simplemente porque está cansado o tiene los brazos a los costados durante un largo y aburrido discurso! Es una posición confortable, yo mismo lo hago sin ninguna connotación negativa.

¡He observado en algunos congresos cómo muchas personas respondían de forma positiva, escuchando atentamente al expositor, siendo cooperativos y felices sobre lo que el expositor relata o hace, teniendo todo el tiempo la postura de brazos cruzados sobre el torso!

Otro asunto común del lenguaje corporal se relaciona con los ojos del interlocutor cuando los mueve intermitentemente de un lugar a otro de la habitación mientras habla. A este comportamiento se le ha asignado diversidad de significados distintos, he observado que los expectadores miran hacia el techo cuando los ojos del expositor se enfocan momentáneamente en ellos. Algunos estudios han conjeturado a tal extremo de decir que la dirección en que miran los ojos también indica qué tipo de información se está buscando en el cerebro (esto es, los ojos a la izquierda buscando en el hemisferio derecho y los ojos a la derecha buscando en el hemisferio izquierdo, etc).

¡He observado personas mirar hacia el rincón de una habitación mientras hablan simplemente porque allí estaba ocurriendo algo que las distrajo!

El mecanismo de cerebro derecho o cerebro izquierdo tiene mucho de cierto, pero a veceslos "expertos" pueden desviarse demasiado. Nadie entiende todo acerca del cerebro todavía.

La mayoría de las veces sólo buscamos pensamientos. De hecho si observas cuidadosamente, te darás cuenta que las personas interrumpen su contacto visual mientras hablan, pero enfocan nuevamente bien al escuchar; la mayoría de nosotros hacemos eso.

No necesariamente interrumpir el contacto visual con el interlocutor significa que la persona le está ocultando algo – o mintiendo como algún "experto" diría. En alguna que otra ocasión sucederá eso, pero con frecuencia ese no será el caso.

Estas conclusiones son el resultado de estudios de comportamiento extremistas.

Más que decir que el movimiento o la interrupción del contacto visual de cierta manera mientras se le está hablando a alguien representa decepción, los maestros deberían afirmar, "... podría significar engaño o mentira pero generalmente significa que la persona está buscando palabras, es un poco tímida o está incómoda ante la presencia de una autoridad o un extraño; o simplemente no se da cuenta que está mostrando un mal hábito.

Podría haber una lista entera de otros motivos; la timidez suele ser la causa de este comportamiento. ¡Mi dulce y pequeña madre de setenta y cinco años de edad es tan tímida que ni siquiera puede mantener contacto visual con el cajero de la verdulería!

Nadie debe haberle enseñado a comunicarse conscientemente; de hecho, este mal hábito se elimina si la persona aprende a corregirlo de manera adecuada – en otras palabras luego de modificar conscientemente el hábito en forma saludable.

Los políticos y las personas que se dedican a relaciones públicas aprenden sobre comunicación y lenguaje corporal como parte de su entrenamiento y desarrollo de experiencia. Observo esto todo el tiempo y encuentro fascinante cómo una persona puede mantener su mirada constantemente hacia el interlocutor aún si sigue hablando. Algunos han nacido y han sido criados para poder hacerlo – es parte de su personalidad.

¡Aunque para alguien que no trabaja en un ambiente público y no ha recibido educación al respecto no es una habilidad y probablemente no haya escuchado nunca hablar del tema!

Ponte la prioridad de comenzar a observar estos detalles y luego comienza a entrenarte. No es fácil; o tal vez te encuentras haciéndolo natural y adecuadamente, presta atención y siéntete bien contigo por ello. Nuevamente, no todos lo saben, pero casi el 80% de las interacciones que tenemos con otros se realizan por medio de comunicación no verbal.

Entonces, uno debería pensar cómo no podemos comunicar en forma no verbal. ¿Qué es exactamente la comunicación no verbal? Ahora bien, la comunicación no verbal es el tipo de comunicación que se vincula con todos los tipos de comunicación por medio del lenguaje corporal, gestos, cartas escritas, memorándums, noticias, etc.

En su vida professional, la mayor parte de la comunicación entre colegas o jefes ocurre por vías de comunicación no verbal.

Mencionemosalgunosejemplos:

1. Para comunicar al equipo de trabajo sobre una apertura/ cierre urgentede una oficina o algúncambio en los horarios. Se escribe un borrador y se cuelga en un anuncio. También puede haber una circular que los miembros del equipo necesitan recibir.
2. Para hacer ciertas proposiciones a otras compañías, se escribe la proposición para ofrecérsela a la otra organización.

Se leen los términos y condiciones que puede o no reunir la compañía con la cuál se está en comunicación.
3. Si un colega quiere pedir algo. O un colega, miembro del equipo quiere pedir unas vacaciones, días por enfermedad o quejarse de algo, etc. Tienen que escribir un permiso escrito o una carta y enviarla oficialmente. Aparte de todo esto, nuestras conversaciones cotidianas están embuidas de este tipo de comunicación.

Tomemos unos pocos ejemplos communes, que tendemos a ignorar.

1. Si estamos en un grupo le damos la espalda a una persona en particular. Está comprobado que a esa persona no le gusta que la persona ignorada forme parte del grupo, por eso le da la espalda indicando que la quiere excluir.
2. En la India, se dice que a los mayores se les saluda con un "Namaste" y luego se les tocan los pies. El gesto de "Namaste" muestra respeto hacia

otros. Tocar sus pies es una forma de decir que siempre seguiremos sus pasos y no los defraudaremos.

3. ¡Los ojos comunican mucho que no puede ser explicado en una frase! Los ojos pueden mostrar amor, odio, tristeza, desesperación o incluso depresión. Una persona feliz tendrá ojos resplandecientes. Quienes están enojados tienden a tener ojos grandes, como si se les fueran a salir de sus órbitas oculares. Las personas que sienten mucha pena tienen mirada llorosa o apática. Con sólo mirar a los ojos de otra persona se puede entender qué es lo que están sintiendo.

4. La manera en que te sientas o te paras dice mucho acerca de ti. Si una persona se encorva y se sienta con mala postura significa que tiene baja autoestima o confianza en sí mismo. Una persona con buena postura, espalda recta u hombros perfectos se verá como confiado y con mucha autoestima.

Como lo sugerido en los anteriores escenarios, necesitamos observar lo que comunicamos en forma no verbal, esto lleva mucho más significado que las palabras que decimos.

Intuición y comunicación no verbal

Ser conscientes de cómo nos comunicamos es vital

La comunicación no verbal y el lenguaje corporal podrían leerse o "sentirse" de dos formas distintas. Primero, hacer un cambio y medir objetivamente lo que el cuerpo está haciendo de forma diferente comparado con lo realizado anteriormente. Segundo, utilizando tu intuición en tiempo real y sintiendo subjetivamente eso. Para ser consciente del lenguaje corporal de otras personas y poder trabajar con ellos, como así también hacerlo con uno mismo; todo esto requiere una mezcla potente y consciente tanto de habilidades firmes y flexibles.

Existen muchos expertos bien entrenados en lenguaje corporal y asesores que son muy buenos y objetivamente sensibles a lo que ciertos gestos del lenguaje corporal expresan según lo que estemos pensando. También pueden describir cómo estas expresiones del lenguaje no verbal influyen en otros para pensar y decidir. Ahora bien, el nuevo campo de la biométrica puede medir e interpretar estas expresiones mucho más rápida y efectivamente de lo que pueden hacerlo los "expertos". ¿Significa que tendríamos que dejar de observar e interpretar cualquier lenguaje corporal y adquirir otro paquete de programas? ¿O hay algo más que aprender en una dimensión que las computadoras todavía no se han perfeccionado?

Los mejores expertos en lenguaje corporal se esfuerzan en resaltar que toda comunicación no verbal debe tomarse en base al contexto. Esto significa darse cuenta tanto de las circunstancias como de los patrones que circunscriben ciertos gestos. Los mejores de estos programas están comenzando a incorporarse a este conjunto de conocimientos también. Por ejemplo, el mecanismo y la posición de los brazos cruzados pueden significar mucho más que sólo estar a la defensiva o ser escéptico. Puede que sólo seas frío. Podrías ser también un jefe todopoderoso deseando ceder la dominación para permitirle a otras voces más tímidas expresarse a sí mismas con más claridad. ¿Qué otras habilidades flexibles pueden ayudara descifrar que es lo se puede o no programar?

Todas las habilidades flexiblesque puedan ayudar a acceder a la intuición pueden ser claves. La intuición fue descripta una vez por Patrick Collard como la habilidad de mirar "dentro de ello", siendo "ello" el tema/ emoción o las personas involucradas. Esta es un área dentro de la cuál los programas informáticos aún témen pisotear. Ya se ha confirmado en muchas ocasiones que cada célula de nuestros cuerpos tiene capacidad de memoria y comunicación. De hecho la disciplina que trabaja con el cuerpo denominada "Armonía Corporal" ha acuñado el concepto "el tema en el tejido" para describir esta situación determinada. Nuestra habilidad intuitiva radica en gran medida en sentir lo que sucede ya sea dentro nuestro como dentro de los demás. Por lo tanto, se puede observar y medir el lenguaje corporal de las personas y sus temáticas objetivamente al sentir/ medir e interpretar lo que se expresa explícitamente así como indagar más profundamente y tratar de sentir "dentro de ello" y obtener una sensación/ sentimiento consciente de lo que está sucediendo dentro. ¿Cómo se pueden distinguir estas dos dimensiones y aprender las habilidades necesarias para que al incrementar la intuición se beneficie tu trabajo; especialmente si eres un líder, administrador de cuentas financieras, representante de servicios al cliente o asesor personal?

Cuanto más te entrenes a ti mismo para sentir, volverte consciente y confiar en tu propio cuerpo y su lenguaje, mayor serán tus poderes intuitivos que podrás utilizar adecuadamente para sentir lo que les está pasando a quienes te rodean aquí y ahora. Aprender y practicar las habilidades flexibles necesarias para percibir mejor tu intuición puede contribuir en gran medida a tu estado de salud como también a tu habilidad para crear y cultivar relaciones leales, duraderas y beneficiosas.

3 mitos acerca de la comunicación no verbal que pueden confundirte

Ya sea que lo llames lenguaje corporal o comunicación no verbal, los indicios acerca de cómo se siente la gente se revelan por medio de sus expresiones y acciones.

Sin embargo, existen muchos mitos sobre la interpretación del lenguaje corporal que pueden provocar que las personas juzguen inadecuadamente.

Aquí hay tres de ellos:

1. Cuanto mayor contacto visual mejor: es verdad que en la cultura norteamericana hacer contacto visual es esencial para generar afinidad. Alguien que evita hacerlo es considerado como mentiroso, que quiere ocultar algo o que le falta confianza. La verdad es que mientras el contacto visual es esencial, demasiado contacto visual puede hacer que la otra persona se

sienta incómoda. De hecho, un contacto visual prolongado es un paso previo al coqueteo.

Entonces, ¿cuál es la justa medida? Deberías enfocarte en la persona a la que le estás hablando, sin fijar la mirada en ella o ponerla nerviosa. Prueba mirar al triángulo de la cara – ojos, nariz y boca. De ese modo todavía estás haciéndolo, pero de una manera no tan amenazadora.

2. Los mentirosos no pueden hacer contacto visual: cuando se le pregunta a una persona cómo sabe si alguien le miente, suelen contestar que las personas con ojos esquivos no dicen la verdad. Los estudios indican que ponemos demasiada creencia en este comportamiento.

Las personas que fallan al hacer esto suelen estar nerviosas o son tímidas. Y en el extremo opuesto de esta escala, los mentirosos patológicos son expertos al hacer contacto visual y aparentar ser sinceros.

3. Un gesto poderoso es poner las manos detrás de la espalda. Por muchos años, los presentadores fueron instruidos para

pararse con las manos detrás de sus espaldas. Se referían a este gesto como la postura del Príncipe Carlos, con la idea que el Príncipe Carlos era un buen modelo de comportamiento que reflejaba un rol poderoso.

Luego una investigación demostró que las personas desconfían de este gesto. Si no podemos ver las manos de la persona nos volvemos sospechosos. De modo que si tu objetivo es inspirar confianza en tus clientes, mantén las manos a la vista.

¡Es importante saber cómo interpretar el lenguaje corporal antes de sacar conclusiones apresuradas sobre lo que las personas están revelando!

La importancia del lenguaje corporal
El lenguaje corporal es parte de la comunicación que realmente muy pocos estudian aún, está compuesta en su mayoría con lo que utilizamos para comunicarnos y generalmente es más preciso juzgar su significado que las otras palabras que utilizamos. Voy a compratir

algunos motivos de porqué el lenguaje corporal es tan importante y les voy a facilitar una encuesta muy corta para que se entienda cúan claro está su significado.

Dicen que las acciones hablan más fuerte que las palabras y a veces podemos comunicar mensajes sin la ayuda de una sóla palabra. Podemos encogernos de hombros y, sin una palabra expresar, "No sé." Podemos levantar las cejas y comunicar, "¿Perdón, te escuché bien?" Podemos juntar las manos sobre las palmas delante y expresar, "No sé qué más decir. Eso es todo lo que pienso." Y podemos señalar nuestra nariz para mostrar que la otra persona "lo entendió claramente."

Algunos de los mensajes que decimos con nuestros cuerpos pueden ayudar a reforzar el porqué lo estamos diciendo. Al decir simplemente "no sé", no tiene nada de malo agregar los siguientes gestos; podemos rotar las manos delante de nuestra cara a medida que levantamos las cejas e invertimos nuestra sonrisa mientas con los labios juntos sobresale el labio inferior y miramos a un costado. También se puede hacer reír a alguien y tal vez tomar un poco de la presión sobre nosotros mismos o sobre otra persona que estaba un poco nerviosa sobre no saber tampoco lo que nosotros no sabíamos.

Yendo un poco más allá, prestar atención al lenguaje corporal de alguien más puede ayudarnos a discernir si alguien nos dice la verdad y nada más que la verdad. A continuación se mencionan algunas señales que pueden indicar que alguien miente, también puede ser que si alguien no está diciendo la verdad o toda la verdad no querrá hacer contacto visual por miedo de que sus ojos sean las ventanas de su alma mentirosa. Sin embargo, existen otras señales que indican mentira. Una persona que no esté diciendo toda la verdad tal vez se aclare la garganta, tartamudee o cambie su tono de voz como si tratara de distraer la atención de la mentira o para hacer una pausa que les de tiempo a pensar una respuesta válida o una explicación plausible.

Además, jugar con los pies o balancearse,

ruborizarse, poner las manos en la cara, darse la vuelta o levantar los hombros pueden ser señales de que no están cómodos con la conversación porque no están siendo sinceros.

Otra función importante del lenguaje corporal es expresar nuestros sentimientos sobre lo que se está discutiendo. El lenguaje corporal puede ayudar a determinar cómo se siente alguien sobre lo que se está hablando.Por ejemplo, alguien puede decirle a su jefe que sería feliz haciéndose cargo de algún asunto con un cliente mientras que su lenguaje corporal parece indicar que en realidad no está feliz para nada. Este puede ser un indicio importante que le ayudará al jefe a determinar quién es la persona más adecuada para manejar ese asunto.Si la persona no pone lo mejor de sí, tal vez no haga bien su trabajo cuando otro empleado podría lograr resolver ese asunto y fidelizar al cliente de por vida.

El lenguaje corporal podría ser un factor determinante en una entrevista de trabajo, si quien aplica trasmite confianza y facilidad en relación a la materia en cuestión, tiene muchas chances de obtener el puesto, especialmente es un mercado laboral exigente. Se habló previamente del hecho de que cierto lenguaje corporal a veces se interpreta como incómodo y fuera de control. Estos son algunos de los mismos rasgos que hacen que una persona que busca trabajo parezca confiada y cómoda en otras circunstancias.

En una relación de amistad, el lenguaje corporal propio puede indicar que alguien está prestando atención o no le importa lo que la otra persona está diciendo.

Inclinarse hacia adelante en una conversación indica que la persona está interesada en escuchar lo que otras están diciendo. Inclinarse hacia atrás indicaría que está desinteresada o que se siente superior. Inclinarse hacia adelante y pararse cerca mientras se está hablando podría indicar que esa persona está tratando de convencer a otra en forma agresiva o tratando de dominar la conversación. Escuchar a alguien mientras no se hace contacto visual indicaría que no estás prestando atención, sino que esperas tu oportunidad para hablar. Esto también da la sensación de que realmente no te importa lo que piensan o quieren decir y puede que haga que los demás no te escuchen con atención cuando es tu turno de hablar en una conversación.

Algunos tipos de lenguaje corporal sonobvios de discernir y otros no son tan simples. Compruebalo por ti mismo.

Te daré algunas preguntas para ver cuán bien lees el lenguaje corporal.

1. ¿Qué significa que alguien ponga sus palmas sobre su torso?

a) Superioridad
b) Confianza
c) Sinceridad

2. ¿Qué significa que alguien se masajee la nariz?

a) Superioridad
b) Desagrado
c) Enojo

3. ¿Qué mensajese está enviando si alguien mira por encima de los anteojos a otro?

a) Desprecio
b) *Es*crutinio
c) Superioridad

4. ¿Qué mensaje se trasmite si alguien mira hacia arriba y a la derecha antes de hablar?

a) Están tratando de recordar algo.
b) Están mintiendo.
c) <u>Están tratando de inventar algo.</u>

Respuestas:
1. c) Sinceridad

2. b) Desagrado
3. b) Escrutinio
4. a) Están tratando de recordar algunos hechos (sobretodo si son diestros)

¿Cómo lo has hecho?
Los estudios muestran que el 70% de la comunicación se establece de forma no verbal y que es mucho más precisa que las palabras que utilizamos. Por lo tanto, es de suma importancia que aprendamos a utilizar y discernir el lenguaje corporal más efectivamente para ser comunicadores efectivos. Al entender el lenguaje corporal más efectivamente, podemos incrementar nuestras chances de ser capaces de encontrar un mentiroso, mantener nuestras amistades, contratar personal y ser contratado. Por muchas razones más el lenguaje corporal y las habilidades de comunicación en general nos ayudarán a cada uno de diversas formas en nuestra vida profesional y personal.

Cómo puedes tener éxito o fracasar en

una entrevista de trabajo

La competitividad en el mercado laboral hoy en día exige que nos evaluemos a nosotros mismos constantemente para aprovechar oportunidades laborales. Si piensas que no vas a calificar mejor que otras personas que buscan trabajo, encuentra el tiempo para leer lo siguiente.

La comunicación no verbal en las entrevistas de trabajo es muy importante y comienza en el instante que caminas hacia la entrevista. Los movimientos del cuerpo demuestran confianza a través del contacto visual, pararse o sentarse en forma erguida y estrechando la mano firmemente. La comunicación no verbal es tan esencial como tus respuestas. La primera impresión podría deslumbrar o arruinar tu posibilidad de acceder al puesto deseado. Entonces, regla Nº1: ¡No encorvarse!

Una vez que tengas eso bajo control, sigue estos pasos simples durante tu entrevista de trabajo:

Demostrar atención y profesionalidad a través del proceso de una entrevista es ir apropiadamente vestido y bien aseado. Otro punto importante es sentirse cómodo con los propios gestos, sentarse adecuadamente y preguntar para demostrar que se estáinteresado en el trabajo. Al sentarte no deberías inclinarte demasiado hacia atrás, darás la impresión de estar demasiado relajado. Sientate en la mitad del asiento de modo que te veas atento pero también cómodo, si haces esto también podrás evitar encorvarte.

Contacto visual y estrechar las manos firmemente – El contacto visual establece una impresión de que estás listo para tu entrevista de trabajo y eres lo suficientemente confiado para responder cualquier pregunta relacionada con tu curriculum o carta de presentación.

Mirar directamente a la persona no significa que lo estamos escudriñando sino que sólo estamos siendo sinceros y estamos prestando atención. ¡Sólo recuerda no "perderte" en los ojos de la otra persona! ¡No quieres parecer una persona desquiciada! Además, estrechar la mano firmemente trasmite que quieres responder las preguntas de la entrevista de trabajo profesionalmente. Ten cuidado con tener las manos sudorosas.

Asegurate de mostrar una adecuada apariencia y oler bien – Es importante dar una buena impresión visual y olfativa durante el proceso de la entrevista. Esto dará la impresión que estás adecuadamente aseado y que eres una persona responsable. Ir a la entrevista con mal aliento y sudoración excesiva arruinará esa oportunidad. Levántate temprano y prepárate totalmente para tu entrevista, también significa que trabajas duro para crear una impresión positiva; trata de no exagerar. Sólo piensa en lucir y oler fresco, como si estuvieras listo para aprovechar al máximo el día. También asegúrate de no usar esencias de perfumes muy fuertes o colonias porque hay personas que no las toleran en demasía, ya sea que tienen alergia o recuerdos personales desagradables que los pueden distraer en el proceso de la entrevista.

Se amable y mantén un tono suave en tu discurso – No seas demasiado tranquilo o llamativo al responder ante las preguntas de la entrevista de trabajo. Mantente en calma y con confianza siempre. No interrumpas para hacer preguntas mientras el entrevistador está discutiendo algo acerca de la compañía o el trabajo, les parecerá rudo. Más aún, trata de no ser monótono, explica que estás realmente ansioso de permitirles entender tu pasión por el trabajo. Puedes utilizar mínimos gestos de las manos para sentirte más a gusto.

Eliminar la 'Forma Negativa', mediante la negociación, siendo proactivo con el lenguaje corporal

Entras en el ambiente donde va a tener lugar la negociación, casi instantáneamente te desagrada la persona con quien tienes que negociar. Sientes que se acerca en forma actuada y desconfiada pero no puedes definir bien qué es. Enfrentas la negociación pero no te sientes cómodo, y luego de un tiempo la otra parte no cumple con lo prometido. Piensas, "sabía que algo raro estaba pasando, ¿porqué no habré confiado en mi reacción instintiva?"

Pues no estás solo. Más del 65-90% de cada conversación se interpreta a través del lenguaje corporal, pero sólo el 4% de la población entiende realmente cómo leer el lenguaje corporal. Al negociar, este dato puede hacer la diferencia entre una negociación efectiva sin estrés y una negociación fallida que termina en que ambas partes se abren del acuerdo.

Porqué es importante comprender el lenguaje corporal durante una negociación

Una vez que sepas leer el lenguaje corporal puedes entender lo que la persona estaría pensando pero no está diciendo. Puedes decir si están de acuerdo contigo, en desacuerdo, aburrido, interesado, disgustado, enojado o confundido.

Realicé un estudio intenso del lenguaje corporal para poder negociar mejor, estudié los modos tradicionales de negociar como posicionarse para regatear, pero nunca encontré ninguna forma para llegar a la otra persona y conectar a un nivel más profundo. Además, la mayoría de las personas al otro lado de la negociación generalmente tenían veinte años más que yo. Aunque adquiriera las tácticas de la negociación tradicional, ellos corrían con ventaja ya que lo habían estado haciendo durante mucho más tiempo que yo.

Negociaciones: haz contacto visual

También sé que muchos de los resultados de una negociación están basados en cómo te sientes con respecto a la otra persona y cómo se lleva a cabo dicha negociación. Pensé en esas negociaciones donde acordaba por menos de lo que normalmente lo hacía, el común denominador en cada instancia era la sinceridad y el gran acercamiento de la otra persona. En lugar de pensar en ganar – que estaba orientado hacia MI, estaba concentrado en agregarle valor a la otra persona y estar más orientado hacia el NOSOTROS.

Entonces, eso me dejó con una solución – entender lo que mis colegas o adversarios estaban pensando pero no diciendo. De esa manera entendería cómo hacer concesiones, cuando sostener mi punto de vista y qué preguntas hacer. El lenguaje corporal puede dar esas claves mientras al mismo tiempo se redirecciona el foco desde tu persona a la otra persona. No sólo tienes que escuchar con tus oídos sino con todo tu cuerpo también.

Sí, entiendo lo que dices

Para mí, esto realmente se hizo más claro durante una negociación importante con un vendedor en la cual otro comprador y yo obtuvimos una ganancia de $12 millonesde dolares. El presidente de la compañía tomó un vuelo para encontrarse con mi gerente, el otro comprador y conmigo. Llegó con su séquito completo incluyendo al Gerente de ventas y sus vendedores.

Desde un principio la reunión fue tensa, ellos se sentaron en un extremo de la mesa y nosotros nos sentamos en el extremo opuesto. El otro comprador comenzó la reunión revisando nuestra agenda común. A medida que revisábamos cada punto yo sólo permanecía sentado y miraba al presidente. Traté de imaginar qué es lo que estaba pensando y sintiendo al leer su lenguaje corporal.

Observé las evasivas del presidente; cambiaba constantemente la posición de las piernas de un lado a otro; se ajustaba la corbata; se sacaba las pelusas de la ropa; miraba el techo; jugaba con su corbata; cruzaba y descruzaba sus brazos; miraba sus dedos y tamborileaba en la mesa. Finalmente miró la agenda, la dio vuelta y cruzó sus brazos, sus piernas y se inclinó hacia atrás. En ese momento, la habitación quedó en quietud.

A medida que lo miraba, su lenguaje

corporal indicaba que estaba irritado, que se sentía atacado y desvalorizado. Observé que sentía que estábamos pidiendo mucho y dando poco a cambio. De modo que me incliné hacia adelante, lo miré, y dije, "Ud. ha construido una compañía muy exitosa en muy poco tiempo, encontró un nicho para zapatos cómodos que pueden utilizarse para trabajar. Lo que quisiera saber es, ¿cuáles son sus planes para dentro de cinco años? ¿Cómo planea promocionarse y crecer? ¿Cómo podemos asistirlo?"

Me observó con escepticismo, se inclinó hacia adelante, y en la parte trasera de su agenda comenzó a esquematizar sus ideas. Cuanto más hablaba, más animado estaba, me confesó que estaba por lanzar una campaña de anuncios a lo grande que le iba a costar lo suyo. Estaba planeando anunciar en radio, televisión y carteleras públicas. Comenzamos a hablar sobre cómo nosotros podríamos vincularnos para su campaña. Le mencioné que tenía tres grandes ventas al año y que sería buenísimo exponerlo a él en esos anuncios. Hicimos tormenta de ideas sobre qué zapatos se pondría y se decidió que el anuncio de una familia de zapatos sería maravillosa. Ofreció hacer un descuento de sus dos mejores estilos para nosotros.

Finalmente, analizamos el tema de los zapatos defectuosos que hubiera en sus tiendas. Recuerdo cómo comenzó a sacarse pelusas de encima (una señal de que la persona no está de acuerdo con lo que dices, pero no se siente libre para dar su opinión) mientras discutíamos de porqué era necesario sacar los zapatos defectuosos. Entonces le dije, "sabemos que ofrece muy buenos zapatos y queremos manejar su negocio de la mejor manera posible. Sus campañas "pruebe-caminando" es un gran ejemplo de su creencia en la calidad de sus zapatos. Estamos dispuestos a aceptar que la gente compre sus zapatos en esa campaña y que probablemente un porcentaje de clientes lo devuelva si no les resulta de su agrado. Sabemos que pasa con las devoluciones, pero creemos que vale la pena el riesgo de que haya una devolución de cada diez compras, y se puede utilizar este método de venta. Lo que necesitamos saber es qué es lo que Ud. prefiere. Tendríamos que suspender la campaña "pruebe-caminando" o deberíamos continuar aunque muchas de las devoluciones serán por cuestiones de discreción de los clientes y no de los defectos de su producto.

Me miró y respondió que le gustaría seguir con esa campaña, que seguiría aceptando las devoluciones de sus clientes. Habitualmente tenía treinta mil pares de zapatos a la venta. Cuando terminamos, se rió, dio vuelta su agenda, la miró y dijo, "¡adivino que les dí más de lo que ustedes esperaban antes de encontrarnos y me siento bien con eso!" Todos estrechamos las manos y antes de irse, se detuvo, se dio vuelta y anunció "pienso que deberían saber que hoy vine aquí con la idea de retirarles los $12 millonesde dólares de sucuenta; estaba enojado y dispuesto a retirarme de la negociación; pero en cambio me voy entusiasmado al continuar en el negocio con ustedes."

De adversario a socio: escuche con los ojos y vea con los oídos

Llegó como un adversario y se retiró como un socio. ¿Por qué? Porque utilizando OutcomeThinking® (Pensando hacia afuera), que es posicionarse en la perspectiva de la otra persona y leyendo su lenguaje corporal, pude conectarme con él como persona. La negociación no trató sobre lo que podíamos obtener, sino de cómo hacer para crecer ambas partes. Si no hubiera podido leer su lenguaje corporal, no nos hubiera dicho que se sentía atacado en lo personal sobre los zapatos defectuosos. No hubiera sabido que estaba a la defensiva pensando que le estábamos recriminando sobre la calidad de sus zapatos. Probablemente no hubiera podido acercarme adecuadamente.

A qué señales debería prestar atención

Se deben observar las siguientes señales del cuerpo cuando se está en una negociación. Están basadas en la Cultura Europea-Americana y en los trabajos de investigación de Desmond Morris, Alan Pease y JuliusFast por nombrar algunos.

Estas señales del cuerpo deben ser consideradas como guías y no verdades absolutas. Si se observa una señal que no entendemos es necesario deternerse y hacer preguntas para asegurarse de interpretarla adecuadamente y así comprender lo que la persona quiere decir. El lenguaje corporal está directamente vinculado con nuestros pensamientos no con nuestras palabras. Es por esta razón que a veces nos confunden las señales mezcladas que las personas transmiten. ¡Si estás en la duda escucha al lenguaje corporal, no las palabras!

Señales de escucha atenta y gran comprensión de lo comunicado

Mano sobre la mejilla

Este gesto demuestra evaluación y genuino interés. Esta persona escucha y toma lo que está escuchando al igual que lo evalúa. En este punto es beneficioso preguntar para que la persona diga lo que piensa.

Masajearse el mentón

La persona está tomando una decisión, no hay que interrumpir. Observa la señal de lenguaje corporal que sigue inmediatamente. ¿Se inclina hacia atrás y cruza los brazos? Este es un gesto de negativa. Expresa acuerdo en ciertos puntos y en otros desacuerdos. Si se inclina hacia adelante, mantente alerta y permite que hable primero.

Permanecer sentado y estar listo

Este gesto muestra entusiasmo y acuerdo. Si este gesto está inmediatamente después de masajearse el mentón significa que la persona está diciendo "sí". En este punto de la negociación debes utilizar la palabra "nosotros" ya que ambos están de acuerdo.

Inclinar la cabeza

Inclinar la cabeza mientras se escucha es un gesto que demuestra interés. Te darás cuenta que te convertirás en un mejor oyente ya que tu lenguaje corporal activará tu mente subconsciente que te dirá que es momento de escuchar.

La señal delatora que las personas no pueden controlar nunca

Pupilas dilatadas

Si estás interesado en algo tus pupilas se dilatarán hasta cuatro veces más del tamaño normal. Esto demuestra entusiasmo e interés, la mayoría de nosotros instintivamente lee las pupilas dilatadas como signo de amistad e interés, pero rara vez nos damos cuenta que nos está pasando eso. Si durante las negociaciones las pupilas de alguien se dilatan significa que está intererado en el trato, aún si dice que no lo está. En ese momento debes adoptar una postura normal y preguntar qué es lo que más le gusta sobre el trato. Por el contrario, si sus pupilas se contraen, sabes que siente genuina desconfianza de tu oferta.

Señales que demuestran desacuerdo, desagrado y hostilidad hacia lo comunicado

Los siguientes gestos dan una connotación más negativa y pueden poner a la defensiva a la otra persona. Recuerda que debes interpretar los gestos en su conjunto para no malinterpretar lo que se está comunicando. Por ejemplo, los brazos cruzados pueden significar estar a la defensiva, o simplemente que el ambiente está frío. Si el ambiente está frío, los brazos estarán cerca del cuerpo y ocasionalmente se frotarán para lograr más calor.

Brazos cruzados

En general, este gesto puede indicar estar a la defensiva; esto no significa que la persona está sentada pensando a propósito, "no quiero escuchar lo que vas a decir, te estoy callando la boca". Lo que significa es que la persona filtrará todo lo que escuche según cómo le afecte lo dicho. GeraldNierenberger, autor de "Cómo leer a una persona como un libro", estudió cerca de dos mil negociaciones y encontró que no tuvieron éxito aquellas donde los participantes estaban de brazos y piernas cruzadas. Antes de que la negociación terminara bien todos habían abierto los brazos y las piernas.

Manos sosteniendo el mentón
Este gesto demuestra aburrimiento, literalmente se podría golpear y correr la mano mientras la cara caería directamente en la mesa. La persona con este gesto tiene una total falta de interés en lo que se está conversando, si a su vez está combinado con ojos vidriosos y mirada vacía significa que has perdido por completo a tu interlocutor. Si ves muy frecuentemente este gesto entre quienes charlan contigo significa que das muchos detalles y que tu interlocutor se desconecta. Trata de enunciar primero tu

punto y luego da algunos detalles más. La mejor manera de comprobar que esto sucede es dejar de hablar, la persona cambiará de tema y seguirá hablando de alguna otra cosa. También aparecerá este gesto si pasas mucho tiempo hablando de ti y no escuchas a la otra persona.

Manos bien entrelazadas
Este gesto es una señal de que la persona está frustrada, cuanto más alto vayan las manos, más frustrada se siente esta persona. No hables más y pregunta algo como, "¿qué piensas sobre este tema? ¿Estas de acuerdo con este pensamiento? ¿Qué piensas? ¿Qué desafíos genera esta nueva idea? Puedes apostar que la persona tiene algunas ideas al respecto. No trates de cerrar un trato si observas este gesto, más bien trata de descubrir qué es lo que les molesta. Podrían disentir con respecto a tu idea y sentir que estás hablando más que ellos. Preguntales algo para que se involucren. Tienen que ser preguntas abiertas más que con respuestas si/ no, lo que logra que tu interlocutor esté más involucrado en la

negociación.

Sacarse una pelusa imaginaria

¡Este es mi favorito! De acuerdo a Alan Pease en su libro Señales, este gesto significa que la persona está en desacuerdo con lo manifestado pero no se siente en libertad de dar su opinión. ¡Definitivamente querrás preguntar por más información! Verás frecuentemente este gesto si la persona se siente acorralada o está en desacuerdo contigo. ¡Sea lo que sea que hagas, no ignores este gesto! Corres el riesgo de hacer sentir a los demás que no te importa lo que piensan, si hablas con ellos en privado y haces algo con respecto a lo que dicen, demuestras sensibilidad, refuerzas su confianza y volverán contigo a contarte sus asuntos y problemas. ¡En una negociación esto puede significar que te están barriendo y desplazando!

Señales de engaño

Toma estas señales comoun solo grano de sal, querrás observar los gestos que acompañan estas señales o asumirás erróneamente que todos los que se rascan sus narices te están mintiendo.

Si alguien utiliza estos gestos mientras hablan contigo, puede significar que están mintiendo o reprimiendo lo que sienten o piensan. De cualquier modo, es importante tener en cuenta estos gestos.

Si son señales engañosas, generalmente verás algún gesto que las acompaña como intento de evasión, interrupción del contacto visual, ojos y cuerpo en movimiento constante, rotar el cuerpo hacia otra dirección, voz levantando el volumen y el tono. En una negociación esto te permitirá saber si te toman en serio o si seguirán presionándote para que les des más.

Restregarse el ojo

De acuerdo con Desmond Morris, si una mujer está diciendo una mentira importante se restregará un poco el ojo y mirará hacia arriba; en el caso de un hombre se restregará mucho el ojo y mirará hacia abajo. De cualquier modo, el gesto intenta evitar el contacto visual con la otra persona.

Tocarse la nariz

Busca un masajeo con un dedo debajo de la nariz, esto puede distinguirse claramente de gestos como consecuencia de alergias o picazón, en general van acompañadas de un masajeo fuerte por encima de la nariz. Es otro gesto para generar distracción y evitar el contacto visual.

Masajearse la oreja

Podría ser un dedo detrás de la oreja, en la oreja o masajearse detrás de la oreja, que sería otro modo de evitar el contacto visual. Es el intento del cerebro de reemplazar el contacto visual con una distracción.

Tironear del cuello

De acuerdo con Desmond Morris, este gesto significa que la persona sospecha que le van a pescar su engaño, y piensa que no van a caer en su mentira. La expresión popular es "sentir que el nudo se aprieta." Cuando una persona miente definitivamente su cuerpo experimenta una reacción química. Los vasos sanguíneos se hinchan, la temperatura corporal sube y habrá una sensación de incomodidad. Debido a esto, la persona "tirará de su cuello" para aflojar el "nudo" o tensión que siente.

Rascarse el cuello
Al mismo tiempo todas estas reacciones químicas suceden en tu cuerpo, una sensación de estremecimiento que recorre toda la columna. Desmond Morris descubrió que esta persona va a rascarse exactamente cinco veces para aliviar el escozor.

Dichos gestos pueden utilizarse tanto por motivos decentes como deshonestos. Especialmente porque no siempre podemos decir exactamente lo que estamos pensando. Piensa en la última vez que un amigo preguntó si te gustaba su apariencia y pensaste que le quedaba horrible. Tal vez dijiste "Oh, ¿dónde lo compraste? ¡Realmente te queda bien! Al mismo tiempo probablemente en forma inconsciente utilizaste uno de los gestos engañosos previos que develó tu verdadera opinión.

¿Utilizan los hombres y las mujeres el mismo lenguaje corporal?

En este momento quiero aclarar una diferencia entre cómo se comunican los hombres y cómo lo hacen las mujeres en general. Entiendo que no todos los hombres ni todas las mujeres se comunican con un estilo determinado, esto sólo es una guía para delinear cómo se comunican unos y otras.

Diferencias de género:
John Gray yDebraTannenhablan acerca de cómo se comunican los hombres y las mujeres. Para ser práctico, voy a simplificar la diferencia, aunque por favor entiendan que no todos los hombres y todas las mujeres encajan en una categoría exacta.
En resumen, los hombres se comunican con el 'estatus' en mente; siempre buscan resolver problemas. Las mujeres se

comunican con la 'conexión' en mente. Estos son dos modos muy distintos de comunicarse y ninguno es mejor que otro. Para ser un comunicador más eficiente, necesitas entender las diferencias.

Las mujeres volverán sobre el mismo tema una y otra vez, no para encontrar una solución, sino para percibir los sentimientos. A los hombres les gusta encontrar cómo resolver esa situación, hacerlo y seguir adelante. Cierran ese archivo mentalmente y pasan al siguiente. Esta diferencia en el estilo de la comunicación puede llevar a que la mujer concluya que el hombre es frío y se retira mientras que el hombre cree que la mujer es emocional e irracional. Estas diferencias se notan en el lenguaje corporal.

Asentir con la cabeza

Los hombres generalmente asentirán si están de acuerdo con lo que estás diciendo, en cambio las mujeres utilizan ese gesto para demostrar que están escuchando no para demostrar acuerdo. Entonces, es muy importante aclarar preguntando si la persona está de acuerdo o no contigo. ¡No asumas que el asentimiento de cabeza significa un "sí"!

Armando el rompecabezas

Muy bien, entonces, ¿qué se hace con todo este nuevo conocimiento? ¿Sólo te quedas mirando a la otra persona tratando de leer cada pequeño detalle minúsculo? ¡Creeme, puedes llegar a perderte tanto en el lenguaje corporal que te perderás las palabras!

Utiliza esta guía para hacer preguntas y establecer una atmósfera lo más cooperativa posible. Asegurate que el lugar de negociación tenga suficiente espacio para todos. Trata de que haya una mesa redonda, y prepárate para obtener un resultado centrado y luego lee el lenguaje corporal para acomodarte justo en el momento adecuado.

¡Recuerda que negociar no es pensar en ganar, se trata de lograr el resultado que te impulse hacia adelante!Utilizalo como un modo de construir relaciones con otras personas, aún el negociador más necio quiere sentirse que lo escuchan y lo respetan.

Formas simples para desarrollar un lenguaje corporal asertivo

Las acciones que se llevan a cabo con un lenguaje corporal asertivo hablan más que las palabras. Y cuando las personas dicen "acción", quieren decir más que sólo un gesto de la mano, el asentir con la cabeza o mostrar una expresión facial.

Si la persona dice "las acciones hablan más alto que las palabras" suele significar que uno comunica a través de todo el cuerpo.

Se suele aceptar que el 93% de la comunicación es no verbal, entonces nuestro lenguaje corporal es muy importante al encontrarnos con los demás. El cuerpo puede enviar mensajes que son más claros que lo que sale de nuestras bocas, ya sea que la persona se de cuenta o no. De modo que si la persona se siente nerviosa o insegura, su lenguaje corporal lo demostrará; no dispondrán del poder de su cuerpo. Bajo el mismo lema, cuando uno está seguro de sí mismo, su confianza naturalmente saldrá a la luz.

La necesidad de un lenguaje corporal asertivo

Entre un cuerpoinseguro y uno asertivo, por supuesto el último es el más beneficioso.

Cuando una persona se siente segura, también sucede que son asertivos. Y cuando esto sucede se les da una clase de aura que gobierna con respeto y atención hacia los demás.

Esta clase de confianza también puede ser beneficiosa para alguien que está tratando de encontrar trabajo o lograr que un cliente invierta en su negocio.

Nadie quiere contratar, menos aún confiar, en una persona que no se siente segura de sí misma.

Falta de confianza significa falta de habilidades, talentos y capacidades. Esto debería ser algo que uno tendría que tratar de evitar enviar a los demás acerca de uno mismo.

Entonces, ahora ya que los gestos del lenguaje corporal asertivos son mucho mejores que los que demuestran inseguridad, la cuestión radica en ¿cómo es que uno hace eso exactamente?

Algunos consejos prácticos sobre cómo tener un lenguaje corporal asertivo

Miradas y zona de confort
No importa lo que haga una persona para alcanzar una apariencia asertiva, sería imposible demostrar asertividad si no se sintiera bien en lo más mínimo.

El primer paso de sentirse confiado es sentirse confiado. Lo mínimo que se puede hacer para sentir esa sensación es asegurarse de estar bien aseado, esto es, bañarse, vestirse con ropa limpia y prolija, cepillarse los dientes y peinarse el pelo, etc.

Aparentar y sentirse bien es el primer paso para tener la confianza que se necesita.

Reafirmar la confianza

Como se mencionó previamente, si se está tratando de conseguir un trabajo o lograr que un cliente invierta en un negocio, se debe mostrar confianza con el lenguaje corporal. Un modo de lograrlo es estrechar la mano firme y sinceramente. Dudar al dar la mano de alguien simplemente genera desconfianza. Lo que uno debiera hacer es extender la mano con confianza y dar un firme y cálido apretón.

Sonreír pero sin simular

Un lenguaje corporal asertivo también muestra que una persona se siente bien sobre sí misma. Estará contenta sobre cosas que la rodean, entonces es una fuente de energía positiva. Permite que esa confianza salga desde adentro a través de una hermosa y genuina sonrisa.

El NO va por los brazos y las manos

Hay dos cosas que una persona nunca, en su entera vida social debería hacer. Una es cruzarse de brazos y otra poner las manos en sus bolsillos, la primera demuestra arrogancia y la otraaburrimiento e indiferencia. Tu lenguaje corporal transmite mucho acerca de lo que eres.

Es seguro demostrar a través de la comunicación confianza y creencia en tí mismo. Comienza a aplicar estos consejos simples pero prácticos del lenguaje corporal hoy y pronto estarás expresando más positividad y seguridad con todas las personas o situaciones que estes viviendo.

Cómo desarrollar buenas habilidades en la comunicación no verbal

Para mejorar la comunicación no verbal se necesita consciencia de uno mismo. Es importante ser conscientes de los mensajes que envías continuamente sin decir una palabra porque están diciendo mucho de ti. Los movimientos del cuerpo y las expresiones faciales son naturales pero necesitas saber cómo utilizarlas para enviar los mensajes adecuados.

Debes darte cuenta de tus debilidades para ser capaz de mejorar tus habilidades de comunicación no verbal. Si conoces tus debilidades, como por ejemplo el contacto visual, serás capaz de tener un objetivo y tendrás la oportunidad de convertir tus debilidades en fortalezas de forma tal que logres enviar mejores señales no verbales.

Aún más, es importante notar que el lenguaje corporal juega un rol mayor en el modo en que te presetas a ti mismo. Por ejemplo, si te encorvas en la silla durante una entrevista de trabajo o reunión, estas enviando una señal de indiferencia. Si te sientas hacia abajo en el asiento significa que estás aburrido o no te interesa la actividad que estás desarrollando. Sin embargo, cambiando tu lenguaje corporal, estarás sugiriendo que participas activamente y escuchas a tu interlocutor. Deberías sentarte derecho en la silla y un poco inclinado hacia adelante o ubicando tus manos sobre tu falda para demostrar una postura adecuada.

Otro modo de mejorar la comunicación no verbal es a través del contacto visual, no debería evitarse el contacto visual durante una conversación ya que es un indicio de que eres intimidante o no eres de confianza. Los ojos son canales de comunicación que transmiten señales a la otra persona y mantener el contacto visual durante la conversación enviará mensajes de que estás abierto a la comunicación.

También deberías prestar atención a tus modismos durante la conversación, como los gestos con las manos porque envían distinta clase de mensajes. Si hablas con tus manos a los costados del cuerpo, los demás pensarán que no estás cómodo contigo mismo. Deberías hablar libremente utilizando las manos y relajando tu cuerpo para poder captar la atención de quienes te estén escuchando. También es importante asentir con la cabeza cuando estás escuchando a alguien para demostrar que estás escuchando. Existen juegos para mejorar las habilidades de comunicación no verbal, algunos son juegos de rol.

Los beneficios y consecuencias de un

lenguaje corporal eficaz

¿Qué más se puede lograr con un lenguaje corporal eficiente?

¿Alguna vez te has preguntado qué clase de información está disponible desde tu cuerpo? ¿Cuán importante resulta y quién puede leerla? ¿Sabías que ahora existe un interés creciente en obtener beneficios al aprender a interpretar esta área de la conducta humana dejada de lado? ¿Cuáles son los beneficios y las consecuencias de esta tendencia?

Elogios con lenguaje corporal eficiente, organizaciones eficientes

Uno de los puntos claves del a Era de la Información han sido realizar operaciones simplificadas y lograr organizaciones eficientes. Con el uso omnipresente de programas de hojas de cálculo y administración casi ningún proceso de negocio no ha sido ya analizado y reestructurado. Aunque se ha ahorrado mucho tiempo, energía y frustración incorporando máquinas y computadoras en nuestra vida cotidiana y nuestro trabajo, esta intensa atención a las soluciones tecnológicas nos han vuelto ciegos a la información que nuestros cuerpos incorporan y expresan. Nuestro cuerpo puede y suele contradecir y hasta boicotear nuestra tan ensayada comunicación verbal. ¿Cuán consciente eres de lo que te ocurre realmente?

El poder y la influencia de la Fuerza de Gravedad

Por ejemplo, observa cuán a menudo las personas piensan en la Fuerza deGravedad. La mayoría de nosotros damos por sentado esta increíble fuerza de atracción, de hecho, ¿quién tiene tiempo para pensar en la gravedad cuando hay cuentas que pagar, productos que vender o personas con quien encontrarse? Aún así, piensa sobre el poder que la fuerza de gravedad tiene para mantener al mundo en una pieza, hasta hace que la luna se quededonde está. Entonces eres bienvenido a maravillarte con la increíble cantidad de energía que muchos de nosotros utilizamos para resistir esta inevitable fuerza. Sólo por un momento piensa cuánto mejor podríamos sentirnos y cuánta más energía tendríamos, ¿cuánto mejor podríamos expresarnos sólo siendo conscientes de ello y trabajar un poco más alineados con la Fuerza de Gravedad?

Casi todos prestan poca o ninguna atención consciente al nivel de eficiencia que utilizamos para alinear nuestra postura con respecto a cómo tira de nosotros la gravedad. Ya que la curiosidad es una parte inevitable de nuestra naturaleza humana, sólo era una cuestión de tiempo antes de que la atención regresara a los beneficios de utilizar más eficientemente el lenguaje corporal. ¿Qué pasaría si ese momento ya hubiera llegado?

Conceptos básicos para leer el lenguaje corporal

Sal a caminar en un lugar muy concurrido y observa a tus congéneres humanos y cómo utilizan su postura para:

Caminar y se pararse mientras se inclinan hacia adelante, atrás o hacia un lado desafiando a la Fuerza de Gravedad. Colocan sus cabezas hacia adelante o atrás llamativamente fuera de su línea de gravedad, se contonean de un lado a otro mientras caminan hacia adelante. Dirigen sus pies en una dirección distinta con respecto a la que van caminando. Mueven los brazos mucho más de lo necesario para mantener el equilibrio. Se desbalancean tanto al caminar que sus zapatos se gastan en forma asimétrica.

Cada uno de estos movimientos nada esenciales requiere energía y esfuerzo para contrarrestar intencionalmentelo queFuerza de Gravedad les impone. También observa que los niños utilizan la fuerza más eficientemente, a medida que envejecemos y nos volvemos más intelectuales tendemos a ignorar la fuerza de la gravedad más y más. Utilizar la propia energía para resistir la gravedad es totalmente innecesario e insano si tratamos realmente de utilizar nuestra energía eficientemente. Si somos tan ciegos con respecto a lo que nuestros cuerpos están haciendo cuando se trata de nuestra postura, ¿qué tipo de efecto, consciente o inconsciente, puede tener este comportamiento con quienes nos estamos comunicando?

Las luces prendidas y no hay nadie en casa

Presta atención a cómo la mayoría de nosotros parecemos olvidarnos de lo que nuestros cuerpos están haciendo mientras vivimos el día. Muchos de estos movimientos son el producto de no ser conscientes de nuestro lenguaje corporal o de estar condicionados por la sociedad a ignorarlos. Sin importar el beneficio o su consecuencia adquiere un hábito el tiempo suficiente y crearás un nuevo patrón de comportamiento. Una vez que ese patrón esté en su lugar, no toma mucho tiempo formar parte de esa nueva identidad. Para la mayoría de nosotros este patrón se vuelve parte de lo que creemos ser. Aún estando heridos, si el dolor inicial que querías que desapareciera no está más; ese patrón de comportamiento y su tensión muscular suele olvidarse. Muchos van más allá y desperdician aún más energía y tiempo quejándose sobre lo cansados que se sienten. ¿Suena esto a utilizar los recursos en forma eficiente?

El lenguaje corporal eficiente suele ser información no deseada

Estás invitado a tratar de comunicarle a alguien acerca de tus observaciones. Si realmente te animas a aceptar este desafío, maravíllate al obtener la respuesta. Muchos se excusarán amablemente, aludiendo a una vieja herida. Otros lo considerarán un insulto que plantees eso "ya que ellos son así." Advierte cuantos te dicen gracias cálidamente por tu consejo y comienzan inmediatamente a ajustar sus ineficiencias. Si el conocimiento es poder, también podrás sentir que existe una oportunidad para aprender algo que la mayoría ignora.

Reflexionar sobre el lenguaje corporal consciente y eficiente

Lo más importante, estás invitado a reflexionar sobre el lenguaje corporal de las personas, sus patrones de comportamiento y sus respuestas a tus comentarios, lo que va a mostrarte sobre qué clase de personas están involucradas en ello.

¿Estos patrones parecen más o menos atractivos? ¿Estas más o menos predispuesto a adoptarlos? ¿Estás más o menos interesado en tomar ese consejo? ¿Su edad e inteligencia parecen afectarles en cómo te responden? ¿Quisieras que alguien de tu familia muestre estos patrones o que inviten a alguien a tenerlos? Como un obsequio, pregúntate cuál es su respuesta sobre sus habilidades con respecto a la curiosidad, una respuesta adaptativa o instintiva? ¿Qué pasa con tus propias señales de lenguaje corporal?

Hasta aquí hemos hablado sobre todas esas personas que te rodean. Aquí está la invitación a pararte delante de un espejo, realizar un inventario reflexivo sobre todas estas cuestiones y observar cómo se relacionan contigo y con tu lenguaje corporal.

¿Qué es lo que tu lenguaje corporal comunica? ¿Cuán rápido eres para darte cuenta y acomodarlo? Dicho sea de paso, ¿cuántas personas alrededor tuyo podrían saber cómo interpretarlo?

El beneficio de entender el lenguaje corporal consciente

Existe una mina de oro aquí para quienes entiendan cómo interpretar, sentir y entender lo que el lenguaje corporal de la otra persona está demostrando. También hay un pozo vacante para quienes se den cuenta de lo que su propio lenguaje corporal está diciendo, al igual que hay un tercer premio importante para quienes entiendan que al acomodar su propio lenguaje corporal no sólo se sentirán más saludables y felices, sino que se volverán más atractivos e influyentes.

¿Tendrá algo que ver tu lenguaje corporal con tu éxito?

Parte 2

Introducción

Uno de los secretos para una relación exitosa y armoniosa, ya sea personal o profesional, es la comunicación. La comunicación implica enviar y recibir mensajes que nos permiten compartir pensamientos, ideas, conocimientos, opiniones y sentimientos. Sin embargo, la comunicación no se limita simplemente a las palabras que hablamos. La comunicación tiene dos dimensiones: verbal y no verbal. La mayoría de nosotros tenemos la parte verbal de la comunicación dominada por completo. Por otro lado, la comunicación no verbal no es tan fácil de interpretar.

Cuando interactuamos y nos comunicamos con alguien, también entran en juego factores como las expresiones faciales, los gestos, el contacto visual, los movimientos corporales, la postura y el tono de voz. La forma en que nos paramos o hundimos nuestros hombros, la forma en que nos movemos nerviosamente mientras hablamos, cuán suave o ruidosamente hablamos, cuánto contacto visual hacemos—todos estos también envían mensajes contundentes, aparte de las palabras que hablamos.

A menudo en la vida, son las cosas no habladas las que importan y pintan un panorama más amplio. Tener la capacidad de usar y comprender la comunicación no verbal puede ayudarlo a convertirse en un mejor comunicador, establecer conexiones más profundas y establecer mejores relaciones.

Comunicación sin palabras

La comunicación no verbal es un lenguaje natural, a menudo inconsciente, que muestra los verdaderos sentimientos e intenciones de una persona en un momento dado. Es un tipo de comunicación sin palabras compuesto de mensajes implícitos. Las señales no verbales se envían desde el "cerebro emocional", y no desde el neocórtex, por lo que crean mensajes más honestos y reveladores.

La comunicación no verbal incluye (pero no se limita a) lo siguiente:

- Postura corporal
- Expresiones faciales
- Contacto visual
- Movimientos y gestos corporales
- Tacto y contacto corporal
- Entonación, volumen y matices vocales
- Proximidad y espacio personal
- Sonidos
- Barreras físicas

- Apariencia general y vestimenta.

En conjunto, estas señales sin palabras pueden proporcionar pistas, además de información adicional y un significado que va más allá de lo que uno obtiene de la comunicación verbal o las palabras habladas.

Tipos esenciales de señales de comunicación no verbal:

1. Expresiones faciales

El rostro humano es extremadamente expresivo y capaz de producir muchas emociones sin la
Necesidad de decir palabras. Las expresiones faciales son más o menos universales. Las expresiones faciales de felicidad, tristeza, ira, miedo, sorpresa, odio y disgusto son similares en muchas culturas.

2. Lenguaje corporal o movimientos corporales (kinésica)

Los movimientos corporales, también conocidos como kinésica o lenguaje corporal, pueden usarse para enfatizar o reforzar lo que estás diciendo. También ofrecen información sobre las emociones y actitudes de una persona en un momento dado. Los movimientos corporales incluyen movimientos de la mano y la cabeza, movimientos de todo el cuerpo, postura corporal y gestos. Muchas veces nos expresamos con movimientos y gestos corporales sin pensar.

Los movimientos corporales pueden ser naturales o intencionales y, a veces, pueden contradecir lo que alguien está diciendo verbalmente. Tener conocimiento y habilidad para interpretar las señales del lenguaje corporal puede ser útil para determinar cómo se siente realmente una persona y si hay discrepancias entre sus palabras y acciones. Sin embargo, es importante tener en cuenta que el lenguaje corporal, especialmente los gestos, dependen del contexto cultural. Siempre es útil tener esto en cuenta para evitar malas interpretaciones y malentendidos.

Las 5 categorías de movimiento corporal:

Emblemas – Los emblemas son gestos que cumplen la misma función que las palabras. Ejemplos de estos son gestos con las manos que representan palabras como "Ven aquí", "OK" o el movimiento de la mano utilizado para viajar a dedo.

Ilustradores – Son gestos que acompañan a las palabras para representar un mensaje verbal. Los ejemplos de estos incluyen asentir con la cabeza en una dirección específica y decir "allá", o hacer un movimiento circular de la mano al decir "alrededor y alrededor".

Demostraciones de afecto – Se refieren a gestos o expresiones faciales que muestran las emociones que uno siente. A menudo ocurren de forma natural y no intencional, lo que puede ayudar a dar a una persona pistas importantes sobre cómo se siente realmente la otra persona con la que están interactuando. Es importante tener en cuenta que las demostraciones de afecto pueden ser drásticamente diferentes de lo que la otra persona está diciendo.

Reguladores – Los reguladores son gestos a los que uno recurre para brindar retroalimentación y reacción al conversar. Algunos ejemplos son movimientos de cabeza o sacudidas, sonidos como "uh-huh" o "tsk", y otras expresiones de aburrimiento o interés. Se llama regulador porque sin retroalimentación, a la mayoría de las personas les resultará difícil mantener la conversación y continuar la interacción.

Adaptadores – Se refieren a acciones no verbales subconscientes que representan una necesidad psicológica o satisfacen una necesidad física. Los ejemplos incluyen morderse las uñas de las manos cuando está nervioso o estresado, o cruzar los brazos para evitar sentirse vulnerable y abierto. Estas acciones suelen acompañar emociones como la ansiedad o la incomodidad.

3. Postura corporal

La postura puede ser una indicación de los verdaderos sentimientos, actitudes e intenciones de una persona. La forma en que te comportas puede informar a otra persona de tu nivel de confianza y comodidad, y de si te sientes bien o no.

2 Tipos de señales posturales

Postura abierta y cerrada – La identificación de una postura abierta o cerrada es útil porque indica el nivel de confianza, el estado, la familiaridad, la receptividad y la confianza de una persona con otra persona.

Una posición cerrada incluye sentarse con los brazos cruzados, las piernas o los tobillos cruzados, o colocados en un ángulo pequeño, lejos de la otra persona con la que están interactuando. Generalmente, una posición cerrada implica una recepción negativa más que positiva. Puede insinuar la incomodidad, el desinterés, el desapego de una persona o el deseo de que la dejen sola.

Por otro lado, una posición abierta implica lo contrario—la de un interés genuino o la disposición a ser abierta y emocionalmente accesible para la otra persona. Encontrarás a una persona en una postura abierta cuando te miren directamente o se inclinen hacia ti con las manos separadas.

Reflejar – Reflejar el lenguaje corporal de uno es una manera de establecer lazos y generar confianza y comprensión con otro. Las formas más obvias son devolver la sonrisa de otra persona o bostezar después de ver a alguien bostezar. Esto ocurre a menudo dentro de relaciones cercanas, particularmente con parejas que se sienten atraídas o se relacionan bien entre ellas.

Para entender mejor esto, observe la forma en que una pareja amorosa interactúa entre sí. La mayoría de las veces, sus posturas y gestos coincidirán entre sí, de ahí la palabra reflejo—están imitando inconscientemente lo que el otro está haciendo, como imágenes de espejo entre sí. Por ejemplo, cuando un compañero parece estar relajado y tranquilo, el otro también estaría en una posición relajada. En esencia, reflejar es también una forma de decir sin palabras:

"También me gustas" o "Me siento igual".

4. Contacto visual

El contacto visual es uno de los aspectos más importantes del comportamiento no verbal, en parte porque la mayoría de las personas confían en el sentido visual. Lo que sucede con los ojos de alguien ocurre naturalmente y es bastante difícil, si no imposible, de controlar o manipular. Esto trae a la mente el proverbio, "Los ojos son los espejos del alma". Mirar los ojos de otra persona y ver las emociones o reacciones en ellos más a menudo nos da una idea o incluso una mejor comprensión de lo que realmente está sintiendo la otra persona. Además, la forma en que miras a alguien puede comunicar cosas significativas como atracción, interés, afecto, preocupación, disgusto, enojo, incluso amor.

3 Principales objetivos del contacto visual:

Dar y recibir retroalimentación – Mantener el contacto visual es una forma obvia de evaluar la respuesta de otra persona. Mirar a alguien mientras habla con esa persona indica que estás centrado en lo que estás diciendo. Del mismo modo, mirar directamente a la persona que está hablando, es una clara indicación de que está presente en el momento e interesado en lo que tiene que decir. Por otro lado, evitar el contacto visual o evitar los ojos puede indicar desinterés, una inclinación por la deshonestidad o estar distraído.

Regular el flujo de la conversación – Es más probable que mantengas contacto visual constante cuando escuchas a otra persona que cuando estás hablando. Y cuando esa persona haya terminado de hablar, te observarán para indicar que es tu turno de hablar, reaccionar o dar tu respuesta. Si una persona no quiere ser interrumpida, puede continuar hablando sin mantener mucho contacto visual.

Establecer o reforzar la relación entre las personas – Mantener un contacto visual constante también es un indicio de interés o atracción genuina por la otra persona con la que estás interactuando. Las personas en relaciones cercanas encuentran que es más fácil mantener el contacto visual entre ellos más que las personas que se disgustan entre sí o que no se interesan entre sí. Además, cuando no te gusta alguien o tienes una relación difícil con ellos, es natural evitar el contacto visual.

5. Cercanía y espacio personal (proxemias).

Todos tienen lo que se denomina "espacio personal"—la distancia a su alrededor donde lo considera aceptable o inaceptable para permitir que otras personas ocupen. Dependiendo de la cultura y la situación involucrada, hay diferentes niveles de cercanía física que se consideran apropiados para tipos específicos de relaciones. Puede hacer uso del espacio físico para transmitir su punto a la otra persona.

Las personas aprenden qué es aceptable y qué no, dentro de la cultura y la sociedad en la que crecieron. Es importante entonces recordar que lo que se considera apropiado para una persona puede ser incómodo o inapropiado para otra. La sociedad occidental en particular, define cuatro niveles de distancias según la relación de las personas que interactúan.

4 Niveles principales de proxemias:

Distancia íntima – La distancia íntima varía desde un punto cercano de contacto o contacto hasta una distancia de 15 a 45 centímetros. En la mayoría de las culturas y no solo en la cultura occidental, esta distancia íntima es inapropiada en público y está reservada para personas en una relación cercana como parejas y miembros de la familia inmediata. El ingreso o la "invasión" del espacio íntimo de una persona con quien no se tiene una relación cercana y socialmente aceptable se evita y se considera incómodo e inadecuado en muchas culturas.

Distancia personal – Esta es generalmente la distancia más adecuada para las personas que participan en una conversación cercana. Desde esta distancia, uno puede ver claramente las expresiones faciales, los gestos, el contacto visual y los movimientos generales del cuerpo de la otra persona. Es una distancia segura para participar en un apretón de manos con otra persona.

Distancia social – Esta es la distancia aceptable para el trabajo, los negocios y otros tipos de interacciones impersonales. Es más probable que los asientos se organicen con una distancia considerable entre sí, y la conversación puede ocurrir en una mesa, lo que lo hace un poco más formal. Dentro de esta distancia, la voz de uno debe ser un poco más alta de lo normal para que las personas con las que está conversando puedan escucharlo perfectamente. Además, el contacto visual es importante para impartir retroalimentación, interés, además de la voluntad de escuchar e interactuar. No mantener el contacto visual puede ser señal de desinterés, desapego y aburrimiento.

Distancia pública – La distancia pública es utilizada por oradores públicos y maestros cuando se dirige a grupos. Dado que el orador o la persona de interés está lejos del grupo al que se dirigen, deben elevar la voz y realizar movimientos corporales más exagerados para ser vistos y escuchados. La mayoría de las personas no podrían observar las expresiones faciales sutiles del hablante, por lo que, en lugar de esto, deben hacerse gestos más grandes con las manos y movimientos de la cabeza.

6. Tacto

Es posible que no lo sepamos la mitad del tiempo, pero sí comunicamos mucho a otra persona a través del tacto. Un abrazo cálido y una caricia suave de un padre o un amigo de confianza nos reconforta automáticamente y nos hace sentir bien y amados. Una bofetada tranquilizadora por parte del jefe o una palmada en la cabeza de un maestro nos permite saber que nuestro trabajo y nuestros esfuerzos son notados y apreciados. Los toques agresivos como un fuerte agarre en el brazo o un agarre posesivo en la muñeca pueden indicar emociones intensas y hostiles. En casos como estos, el tacto puede ser usado no solo para transmitir efectivamente emociones fuertes ya sean positivas o negativas, sino también para curar y aliviar si uno lo desea.

7. Paralenguaje

Lo importante no es solo lo que dices, sino también cómo lo dices. Aquí es donde interviene el paralenguaje. Paralenguaje se refiere a elementos vocales. Estos incluyen calificadores vocales como el volumen, voz aguda, tono, tempo, inflexiones y el ritmo de la voz. La interpretación de estos elementos varía según las culturas.

Por ejemplo, la sonoridad indica fuerza, mientras que la suavidad indica debilidad en la cultura árabe; para la mayoría de los europeos, una voz grande y fuerte indica confianza y autoridad, y a menudo se asocia con la masculinidad; en la mayoría de las naciones asiáticas, hablar en voz baja y con suavidad generalmente se prefiere más especialmente para las mujeres.

La mayoría de las veces, la interpretación conlleva la posibilidad de tener un sesgo de género, lo cual es inevitable ya que uno basa la interpretación en el contexto cultural. El paralenguaje también tiene en cuenta los sonidos como reír, llorar, lloriquear, gemir, y los segregados vocales como "uh-huh", "shh", "mmm", "uh-oh", "oh", "ahh", o "hmm ", Que pueden indicar muchas cosas como interés, acuerdo, angustia, etc.

¿Por qué la comunicación no verbal importa?

Todos estamos familiarizados con el dicho: "Las acciones hablan más que las palabras". Por cliché que parezca, es cierto que la forma en que te ves, hablas, te mueves, escuchas o reaccionas le permite a la otra persona saber si dices la verdad o no, si te importa o no, o qué tan bien estás escuchando. Esta es la esencia de la comunicación no verbal. Cuando tus señales no verbales coinciden o refuerzan lo que dices verbalmente, crea o fortalece la confianza, la claridad, la comprensión y la comunicación.

Sin embargo, cuando sus acciones, gestos y lenguaje corporal no coinciden con sus palabras, ahí es donde surgen los problemas. Puede crear un ambiente de desconfianza, confusión, tensión y malentendido. En efecto, la forma en que otros lo perciben a usted basándose en sus señales no verbales influye significativamente en su éxito en el lugar de trabajo y las interacciones sociales.

De manera similar, al entender las señales no verbales que otras personas nos envían, nos iluminan para comprender mejor los mensajes y la situación, lo que nos permite reaccionar y acercarnos a ellos de manera más apropiada. Si más personas son capaces de percibir y comprender mejor cómo se sienten los demás con respecto a ellos y el significado real de lo que intentan transmitir, pueden ajustar su comportamiento y sus reacciones en consecuencia.

La comunicación no verbal nos permite hacer lo siguiente:

- Transmitir información sobre el verdadero estado emocional y mental actual.
- Mejorar, modificar, acentuar o reforzar lo que se dice con palabras.
- Definir o reforzar relaciones y conexiones entre personas.
- Proporcionar retroalimentación de una persona a otra.
- Regular el flujo de comunicación.

Los 5 roles de la comunicación no verbal:

Repetición – La comunicación no verbal le permite a una persona repetir el mensaje que está transmitiendo verbalmente

Ejemplo: Cuando le pides a una persona que se acerque a tu lado mientras haces un gesto con la mano, mueves tu mano hacia ti o cuando apuntas en una dirección específica mientras indicas las direcciones.

Contradicción – La comunicación no verbal puede contradecir el mensaje verbal que una persona está tratando de transmitir.

Ejemplo: Cuando le preguntas a alguien si están enojados contigo y dicen "No", pero lo dicen con un tono de voz áspero y con una postura corporal tensa, pueden hacerte creer que esa persona está de hecho, incluso enojada contigo. cuando te digan lo contrario.

Sustitución – La comunicación no verbal también puede sustituir un mensaje verbal

Ejemplo 1: Poner tu dedo índice contra tus labios indica pedirle a la otra persona que se quede callada o que no te diga algo.
Ejemplo 2: Asentir a una persona también es lo mismo que decir "sí", aceptar o indicar un acuerdo.

Complementar – La comunicación no verbal puede complementar, mejorar o agregar a un mensaje verbal

Ejemplo: Una palmada en la espalda que te da tu jefe después de un proyecto exitoso puede aumentar el impacto de las palabras de tu jefe como "Buen trabajo" o "Bien hecho". Enfatiza aún más el mensaje de que tu jefe está satisfecho con tu trabajo y desempeño.

Acentuar – La comunicación no verbal puede acentuar o subrayar un mensaje verbal

Ejemplo: La forma en que una persona golpea sus puños sobre la mesa mientras tiene una discusión o discusión acalorada con otra persona transmite enojo, disgusto o emociones intensas.

Si hay algo importante que debe recordar acerca de la comunicación no verbal, es que se basa en el contexto cultural. Obtener una interpretación más precisa de las señales no verbales implicaría interpretarla según el contexto cultural y la situación en la que se utiliza.

Cómo leer el lenguaje corporal

La comunicación no verbal es una parte extremadamente compleja pero esencial de las habilidades de comunicación personal en nuestras interacciones sociales diarias. Una conciencia y comprensión básicas de las señales de comunicación no verbales, aparte de las palabras reales que se dicen, nos pueden ayudar a ser mejores comunicadores, mejorar nuestras interacciones con otras personas y fomentar una comprensión más profunda.

Leer el lenguaje corporal no es una ciencia exacta. Uno no puede simplemente llegar a una solución concreta basada en una sola señal no verbal. Lo que también dificulta la lectura del lenguaje corporal y las señales no verbales es la necesidad de interpretarlo en función del contexto cultural. Leer una señal no verbal no es suficiente—se debe tener en cuenta un paquete combinado de expresiones, movimientos y gestos, junto con las palabras habladas. Lo más que podemos hacer para interpretar el lenguaje corporal y las señales no verbales es evaluar las emociones y el nivel de comodidad o confianza de una persona.

Las siguientes son señales básicas del lenguaje corporal que podemos observar para tener una idea de lo que la persona con la que interactuamos está sintiendo actualmente.

Señales básicas del lenguaje corporal:

-Cabeza y cara

La primera lección que debes aprender al tratar de leer caras es que no son honestos la mayor parte del tiempo. Una explicación es que desde una edad temprana, nos enseñaron qué expresiones faciales, acciones y comportamientos son apropiados para ciertas ocasiones y situaciones sociales. Desde ese momento en adelante, hemos aprendido de la experiencia qué expresiones faciales extraen los tipos de reacción que deseamos o esperamos de otras personas. Debido a esto, las expresiones faciales pueden manipularse y hacerse con intención más que cualquier otro tipo de señal no verbal.

Un ejemplo más obvio es la "sonrisa falsa". Según Paul Ekman, un psicólogo estadounidense y reconocido experto en análisis de expresiones faciales, la sonrisa falsa es el tipo de sonrisa que hacemos porque se supone que debemos hacerlo, cuando se espera que lo hagamos, e incluso cuando no nos sentimos a gusto. Se trata de sonreír con solo la boca. Por otra parte, una sonrisa genuina involucra más músculos faciales que se juntan—las esquinas de nuestras bocas se levantan, así como las arrugas al lado de nuestros ojos, nuestras cejas, párpados y algunas veces incluye una ligera inclinación hacia arriba de la cabeza.

Un labio fruncido o apretado también es una forma de saber cuándo una persona está disgustada o incómoda con algo.
Dado que se establece que las expresiones faciales no siempre son las señales no verbales más honestas, es importante prestar atención a otros tipos de lenguaje corporal.

-Brazos y manos

Nuestros brazos y manos participan fuertemente en la autoexpresión. Estos son los tipos de gestos que se nos han enseñado o que hemos aprendido durante nuestros primeros años, ya que generalmente se considera grosero apuntar a otras personas o hacer que el signo de "dedo sucio" se dirija a alguien. Pero lo más importante a tener en cuenta es cuánto espacio ocupan los brazos y qué tan alto alcanzan.

En general, los gestos que desafían la gravedad de cualquier parte del cuerpo se asocian con sentimientos positivos. Cuando estamos contentos, emocionados o interesados, levantamos la barbilla y la cabeza, extendemos y abrimos los brazos y las piernas, e incluso los puntos de los pies, ya sea que estemos sentados o de pie.

Otro ejemplo es cuando una persona mueve sus brazos ligeramente mientras camina, una indicación de que esa persona se siente bien, feliz, ligera o confiada.

Por el contrario, si le dices a un compañero de trabajo o empleado que acaba de cometer un error drástico y costoso con su trabajo, una reacción general sería caer de hombros y hundir los brazos. Es porque las emociones y las palabras negativas tienden a deprimirnos, no solo emocionalmente, sino también físicamente, por lo tanto, el sentimiento de hundimiento y caída.

Estas respuestas límbicas son honestas, naturales y ocurren en tiempo real. Comunican las emociones con precisión en el momento preciso en que una persona se ve afectada y no puede ser forzada. Además, este tipo de respuestas que desafían la gravedad pueden ser contagiosas, especialmente en entornos públicos y reuniones masivas como conciertos de rock, estadios de fútbol, partidos de tenis o fiestas rave.

-Torso

El torso humano se considera universalmente esencial para nuestra supervivencia, y lo más importante es que alberga nuestros órganos principales que deben funcionar de manera eficiente para que podamos vivir. Naturalmente, nuestros instintos están conectados para proteger esta parte del cuerpo de cualquier daño. También es importante tener en cuenta que cuando nos sentimos cómodos, también permitimos el acceso a nuestro torso. Los gestos con el torso que reflejan la necesidad del cerebro de distanciarse y evitar a las personas son buenos indicadores de sentimientos reales.

Por ejemplo, cuando nos atrae otra persona, nuestro instinto es exponer nuestro lado ventral (parte frontal), lo que incluye nuestros ojos, boca, pecho, senos y genitales. Por otro lado, cuando no nos gusta alguien, alejamos nuestro lado ventral de ellos.

Del mismo modo, cuando las cosas van bien para nosotros, exponemos nuestros lados ventrales hacia las personas y las cosas que favorecemos, y cuando las cosas van mal o dan un giro para lo peor, nos involucramos en lo que se llama "negación ventral", que significa moverse o alejarse de las personas y de las cosas que vemos como la causa del desfavor o la negatividad. Nuestro lado ventral es sensible y está muy en sintonía con las cosas que nos gustan y que no nos gustan. También es la parte más vulnerable del cuerpo humano, y el cerebro envía instintivamente señales para protegerlo de las personas y las cosas que percibimos que nos causan peligro y daño. Una razón por la que hacemos esto es porque cuando nos sentimos cómodos con alguien o en una situación, nuestro sistema límbico automáticamente reduce sus defensas. Y cuando estamos cerca de una persona que no nos gusta o no confiamos, o nos encontramos en una situación estresante y negativa, tendemos a negar el acceso a nuestro torso y a protegerlo de los daños percibidos.

En una situación de relación, la negación ventral frecuente de uno o ambos compañeros es una señal de que la relación está en problemas. En las etapas tempranas o más felices de una relación, las parejas frecuentemente inclinan su torso más hacia su pareja. Puedes observar esto cuando las parejas felices entran a una habitación o se sientan y se paran una al lado de la otra.

-<u>Piernas</u>

Si se les pregunta qué parte del cuerpo es la más honesta, la mayoría de las personas probablemente diría los ojos o incluso la cara. En realidad, Navarro dice que son las piernas y los pies de una persona donde reside la verdad. La ciencia nos dice que los millones de años de evolución humana nos han enseñado a mantener nuestras piernas preparadas instintivamente para escapar, especialmente en situaciones y entornos que ponen en peligro nuestra supervivencia. Aunque durante la mayor parte de nuestras vidas estamos entrenados para sonreír y posar ante la cámara, controlar la forma en que nos presentamos ante el público y "simularlo", esto es algo que nos resulta natural a los humanos.

Lo más importante a tener en cuenta es la dirección a la que apuntan los pies y las piernas. Este instinto es similar a la forma en que señalamos el lado ventral hacia la dirección de las personas y las cosas que nos gustan. El mismo principio se aplica aquí. Nuestros pies y piernas apuntan a la dirección de las personas y las cosas que nos interesan o hacia dónde nos gustaría ir.

Por ejemplo, normalmente, cuando dos personas hablan entre sí, se ponen de pie con sus dedos de los pies frente a frente. Si usted o la otra persona giran sus pies o apartan ligeramente las piernas del otro, esto puede significar que esa persona no está interesada, le disgusta, desea irse o desea estar en otro lugar. Es posible que el torso de esa persona aún permanezca frente a usted, principalmente por mantener el respeto y mantener las apariencias, pero los pies pueden reflejar el deseo del cerebro de escapar o retirarse de la situación.

Por otro lado, las piernas sin cruzar o distendidas indican que la persona está abierta y contenta con quedarse donde está. Cuando nos sentimos cómodos con otra persona o en una situación determinada, nuestro sistema límbico reduce sus defensas. Las piernas cruzadas pueden hacer parecer que será difícil para esa persona escapar del peligro percibido, pero es más una postura defensiva y significa que la persona está en guardia.

Cómo interpretar señales no verbales

La comunicación no verbal es un intercambio rápido de ida y vuelta que requiere su atención total. Si deseas comprender lo que realmente siente la otra persona o el significado verdadero detrás de lo que intenta comunicar, debes ser observador, estar presente en el momento y ser consciente de las señales no verbales más sutiles que te están enviando.

3 consejos esenciales para entender mejor la comunicación no verbal:

1. Mira las señales no verbales como un grupo.

No te limites simplemente a concentrarte en una sola señal no verbal como una cabeza inclinada, labios fruncidos, pies cambiantes o voz fuerte. Considera todas las señales no verbales que estás recibiendo de la otra persona y míralas como un todo. Cuando se toman juntas, ¿son estas señales coherentes o no con lo que la otra persona está diciendo verbalmente?

2. Presta atención a las inconsistencias

El propósito principal de la comunicación no verbal es reforzar lo que ya se está diciendo verbalmente. A pesar de tener estas señales de lenguaje corporal básicas e individuales a tener en cuenta, también es de gran importancia establecer una línea de base. ¿Qué es una línea de base?

Cada persona tiene su propio conjunto de hábitos, peculiaridades y comportamiento normal. Un solo cambio en el comportamiento no significa instantáneamente que haya un cambio significativo en su estado de ánimo. Cuanto mejor conozcas a una persona y cómo se comporta normalmente en diferentes situaciones, especialmente en situaciones sociales, más podrás entender la razón de la conducta "anormal". Fíjate cuando ese comportamiento se sale de lo común.

Además, utiliza las señales disponibles que haz visto hacer a la otra persona. A veces, las pistas más obvias nos miran directamente a la cara. Si hacen un puchero inmediatamente después de que hayas dicho algo, es muy probable que sea por lo que dijiste.

3. Confía siempre en tus instintos

Los instintos, también conocidos como "sentimientos viscerales", existen por una razón, ya sea que creas en ellos o no, así que no los deseches simplemente. En muchos casos, tus instintos te darán una idea de cuándo alguien te está mintiendo o no, o cuando algo no encaja. Confía en estos—en tus propios instintos, porque pueden estar captando intuitivamente las discrepancias o desajustes entre las señales verbales y no verbales.

Beneficios de mejorar las señales no verbales

Tener la capacidad de interpretar y comprender señales no verbales te permite:

- Comprender mejor a otras personas, incluido el significado más profundo de sus mensajes tácitos y sus verdaderos sentimientos

- Establezca y fortalezca la confianza en las relaciones al ser consciente de las señales no verbales que envía y de no engañar a los demás

- Responda de maneras y acciones que claramente muestren a los otros que te preocupas y comprendes

- Determina si una relación en particular satisface tus necesidades emocionales, qué falta en la relación o qué es lo positivo y lo negativo de ella, y si sabes cómo manejarla mejor.

Técnicas básicas para mejorar tu lenguaje corporal:

No hay un consejo definitivo específico sobre cómo se debe usar el lenguaje corporal porque la interpretación depende del entorno, la situación y el contexto cultural. La forma en la que utilizas el lenguaje corporal cuando hablas con tu madre en comparación con cuando hablas con tu jefe o con una persona que te atrae intensamente difieren unos de otros. Hay formas simples que pueden ayudarte a comunicarte efectivamente con tu cuerpo.

1. Sé consciente de tu propio cuerpo. Obsérvate a ti mismo—la forma en que te sientas, te levantas y caminas, cómo usas tus brazos, piernas y manos, y lo que hace tu cuerpo al hablar con alguien que conoces, por ejemplo. Es posible que ya seas consciente de algunos de tus modales y de tus particularidades corporales, como morderte las uñas cuando estás nervioso, pellizcarte la nariz cuando estás molesto o girar tu cabello cuando estás con alguien

que te gusta, pero podrías sorprenderte al descubrir nuevos. Muchas de estas peculiaridades, gestos y reacciones instintivas no podemos controlarlas, pero cuando somos conscientes de ellas, entendemos por qué las hacemos.

2. Mantén el contacto visual constante, pero no por mucho tiempo. El contacto visual es como un requisito cuando se habla con alguien, pero la intensidad y la frecuencia del contacto visual también dependen en gran medida de tu relación con la persona con la que estás hablando, la configuración o el contexto y la naturaleza de tu conversación.

Para algunas personas, el contacto visual prolongado y las miradas fijas los hacen sentir incómodos o incluso asustarlos. Por otro lado, si no mantienes contacto visual, lo más probable es que te encuentres como inseguro, tímido, escondiendo algo o incluso mintiendo.

¿Qué es lo mejor que se puede hacer

entonces? Si estás hablando con varias personas, tómate un tiempo para establecer contacto visual con todos ellos para establecer conexiones y evaluar si realmente te escuchan y están interesados. Si hablas con una persona, encuentra el equilibrio entre mantener el contacto visual en los puntos más cruciales de la conversación y apartar la vista de vez en cuando. De esa manera, la otra persona sabrá que todavía estás interesado en la conversación y no se sentirá ofendido por tu mirada.

3. Siéntate y levántate derecho. ¿Cuántas veces nos han dicho que nos sentemos o nos pongamos de pie derechos y no encorvados? La mayoría de las veces, una postura encorvada se asocia inmediatamente con una falta de confianza. No querrás dar ese tipo de impresión, especialmente durante una entrevista de trabajo o una primera cita. En cualquier situación en la que te encuentres, es mejor estar consciente de tu posición y de tu postura y corregirla

cuando te encuentres encorvado. Mantén tu espalda y cabeza rectas, tu columna vertebral alineada y tus hombros al nivel.

4. Mantén tu cabeza en alto. Al igual que una postura encorvada, mantener los ojos bajos en el suelo también se asocia con la inseguridad y la falta de confianza. Mantén tu barbilla levantada, con la cabeza recta y los ojos mirando directamente hacia el frente.

5. No tengas miedo de tomar un poco de espacio. Tomar un poco de espacio al sentarte o pararte con las piernas separadas es una señal de tener confianza en tí mismo y estar cómodo con tu piel. Sin embargo, no te preocupes por ofender el sentido de espacio personal de otras personas. Todavía está dentro de los límites aceptables del espacio personal, siempre y cuando no te golpees o roces con alguien en el proceso.

6. Relaja tus hombros. Cuando estás tenso, es más obvio en la forma en que tus

hombros se encorvan hacia arriba o hacia abajo. Intenta relajarte y perder un poco la tensión tirando de los hombros hacia atrás y sacudiéndolos ligeramente. Además, inclinarse ligeramente hacia atrás te hace ver confiado y cómodo.

7. Evita cruzar los brazos y las piernas. Esto es si no quieres que te perciban como defensivo, protegido o inseguro en reuniones o situaciones de negocios y sociales.

8. Da indicaciones de interés en las conversaciones. Asiente, sonríe, ríe, inclina tu cabeza hacia un lado y reacciona en los momentos apropiados durante las conversaciones. Inserta sonidos que indiquen interés o acuerdo como "uh-huh", "sí" o "ok". Mostrar señales positivas anima a las personas a escucharte y prestarte atención. De lo contrario, la otra persona llegará de manera inequívoca a la conclusión de que no está interesado en absoluto. Ten cuidado de no excederte para no parecer demasiado ansioso o

necesitado por aprobación.

9. Ralentiza tus movimientos. Esto es útil, especialmente cuando te sientes nervioso, incómodo o tímido. Hacer que tus movimientos sean más lentos deliberadamente, como caminar lentamente, puede hacer que te sientas más cómodo contigo mismo, tranquilo y confiado.

10. Elimina o minimiza los movimientos de distracción. Trata de ser consciente y evita distracciones, como moverte en tu asiento cuando estás nervioso, tamborilear con los dedos sobre una superficie cuando estás impaciente, tocarte la cara cuando estás nervioso, o sacudir las piernas de un lado a otro. Movimientos del cuerpo como estos no solo distraen a los demás, sino que también indican claramente tu nivel de incomodidad.

11. Sé consciente del espacio personal de los demás. Como regla general, no te pares demasiado cerca cuando hables con

alguien con quien no eres cercano a nivel personal. Especialmente en el trabajo y en otros entornos profesionales, siempre se espera que los límites reciban respeto y consideración.

12. Siempre mantén una actitud positiva. No importa en qué tipo de situación te encuentres, trata de mantener siempre una actitud relajada y positiva. Esfuérzate por estar relajado y abierto. Cómo te sientas por dentro siempre encontrará su camino en tu lenguaje corporal o si no en las palabras que pronuncias.

13. Aprende a manejar el estrés. El estrés arruina tu bienestar físico, emocional y mental. También compromete tu capacidad para comunicarte bien. Cuanto más estresado, más probabilidades hay de que malinterpretes a las personas y envíes señales confusas y no coincidentes. Si te sientes abrumado por el estrés, tómate un momento para calmarte antes de volver a unirte a la conversación. Una vez que te sientas más cómodo, puedes lidiar mejor

con la situación o la conversación en la que estás involucrado.

Conclusión

A medida que continúes practicando la lectura de señales no verbales y prestes más atención a las señales sin palabras que envías y recibes, eventualmente te volverás mejor en la comunicación e interpretación de las señales no verbales. Usa este libro como una guía y practica lo que has aprendido; eventualmente, serás un maestro en la comprensión del lenguaje corporal de otras personas. Esperamos que después de leer este libro te conviertas en un mejor comunicador, establezcas conexiones más profundas y establezcas mejores relaciones con las personas que te rodean.

www.ingramcontent.com/pod-product-compliance
Lightning Source LLC
Chambersburg PA
CBHW071855070526
44583CB00016B/1694